|光明社科文库|

高等师范教育的使命与挑战

王晓阳 ◎ 主编

光明日报出版社

图书在版编目（CIP）数据

高等师范教育的使命与挑战 / 王晓阳主编． -- 北京：光明日报出版社，2023.7
ISBN 978-7-5194-7391-4

Ⅰ.①高… Ⅱ.①王… Ⅲ.①高等师范教育—思想政治教育—研究—中国 Ⅳ.①G651

中国国家版本馆 CIP 数据核字（2023）第 145770 号

高等师范教育的使命与挑战
GAODENG SHIFAN JIAOYU DE SHIMING YU TIAOZHAN

主　　编：王晓阳	
责任编辑：杜春荣	责任校对：房　蓉　乔宇佳
封面设计：中联华文	责任印制：曹　净

出版发行：光明日报出版社
地　　址：北京市西城区永安路 106 号，100050
电　　话：010-63169890（咨询），010-63131930（邮购）
传　　真：010-63131930
网　　址：http：//book.gmw.cn
E - mail：gmrbcbs@gmw.cn
法律顾问：北京市兰台律师事务所龚柳方律师
印　　刷：三河市华东印刷有限公司
装　　订：三河市华东印刷有限公司
本书如有破损、缺页、装订错误，请与本社联系调换，电话：010-63131930

开　　本：170mm×240mm	
字　　数：184 千字	印　张：13.5
版　　次：2024 年 1 月第 1 版	印　次：2024 年 1 月第 1 次印刷
书　　号：ISBN 978-7-5194-7391-4	
定　　价：85.00 元	

版权所有　　翻印必究

序 言

孟繁华

兴国必先强师。教师是教育发展的第一资源，肩负着塑造灵魂、塑造生命、塑造人的时代使命。师范大学作为我国教师教育的主力军，一直是培养高素质、专业化、创新型教师队伍的重要基地。自中华人民共和国成立以来，师范类院校立足于培养各级、各类教师和其他综合性人才，锐意进取、踏实奉献，在各个历史时期做出了卓越贡献。改革开放以来，在新时代教育现代化蓬勃发展的今天，师范大学呈现出新的生机与发展特征。

一、师范大学独特的教育生态禀赋

我国师范教育肇始于19世纪末。之后，我国教师教育体系逐步确立了以独立设置的、不同层级的师范院校为主，部分大学下设教师教育机构参与中小学教师培养的体系。中华人民共和国成立以来，进一步强化了这一体系，除了独立设置的中等师范学校和师范专科学校以外，通过对高等院校的院系调整，把综合性大学下设的教师教育机构全部集中到师范院校。进入21世纪以来，各级学校对高素质、专业化、创新型教师的需求日益突出，传统的教师教育体系面临很大挑战。经历了百年沧桑的我国教师教育体系开始由封闭走向开放，相应的教师教育政策应运而生。整体看，这是与时俱进的战略选择，顺应了新时期教师教育工作的需要。然而，在运行过程中也存在师范院校教师教育工作弱化，以及非师范院校教师教育贡献力不高的问题。2018年1月，中共中央、国务院印发《关于全面深化新时代教师队伍建设改革的意见》指出，实施教师教育振兴行动计划，建立以师范院校为主体、高水平非师范院校参与的中国特色师范教育体系。以此为标志，我国教师教育进入了新时代。

在整个教育生态圈中，师范大学地位特殊，既具有基础教育的成长基因，又具有高等教育的时代烙印。一方面，师范大学从基础教育培养的学生中选拔录取，学生在大学接受完整、系统化的培养，毕业后入职幼儿园和大中小学，成为人民教师。在此意义上，师范大学正是基础教育的源头活水。另一方面，师范大学作为高等教育的重要组成部分，肩负着人才培养、科学研究、社会服务、文化传承创新和国际交流合作的重要职能，须遵循高等教育发展规律，找准办学定位，发挥优势特色，优化学科结构和专业设置，提高办学综合实力和核心竞争力，走以质量提升为核心的内涵式发展道路。在这个过程中，师范大学连接着高等教育和基础教育，构成了"高等教育—基础教育"有机衔接、交叉共生的教育生态体系，是典型的"双肩挑"。这个生态体系直接影响到师资质量、生源质量，最终会影响整体的教育质量。而在这一教育质量生态链条中，师范院校举足轻重。可以说，建设高水平师范大学，对于改善整个教育体系的质量，具有事半功倍的意义。

建设高水平师范大学应从其独特的教育生态禀赋出发，回归创办师范大学的"初心"，即师范大学培养的教师的数量与质量及其在国家教育事业发展中所发挥的作用与效益。高水平学科发展支撑的高素质、专业化、创新型教师教育是当前师范大学的主责主业。学科的发展水平及教师教育意识决定着教师教育质量——缺乏高水平学科发展支撑的教师教育很难培养出卓越教师。每一个阶段都有特定的实践基础以及需要破解的问题，站在一个新的历史时期来看，师范大学如何加强顶层设计，超越"师范性"和"学术性"这一假问题带来的路径依赖，脚踏实地建设与时俱进的教师教育治理体系和治理能力，更好满足国家和区域教育需求，是当前亟待解决的问题。师范大学要充分发挥自身在教师教育方面的优势和特色，坚持以高水平学科建设支撑高水平人才培养、教师教育质量，遵循学科发展和教师成长规律，瞄准教师教育供给侧结构性改革的主攻方向，抓住提升教师教育质量的关键变量，推进教师教育改革创新，不断优化和完善可持续发展的教育生态体系。

二、以评价改革为导向推进师范大学改革

中共中央、国务院2020年10月印发的《深化新时代教育评价改革总体方案》（以下简称《总体方案》）明确提出，"推进高校分类评价，引导不同类型高校科学定位，办出特色和水平"。教育评价事关教育发展方向，有什么样的评价指挥棒，就有什么样的办学导向。当前，教育评价的一个突出问题就是重视"测量"而"判断"不足。各种测量手段、信息技术可以相当精准地描述"是什么"，但"为了什么""什么是对的"反而被弱化，"标准"不明确、不清晰，"五唯"现象的根本原因也即在此：只对测量结果进行相应的运算，价值判断的因素参与不够。于是测量结果本身便异化成了标准，并形成了自足的内循环系统：分数的高低、升学率的高低与重点院校的录取率、论文的数量、帽子的"高矮"等集体无意识"无法自拔"。

近年来，学科评估、教学评估、专业评估、学位点评估等持续展开，师范大学评价内涵不断丰富，但各项评估与师范大学评价本身的关

系并没有明确的规定。对师范大学的各项测量数据的判断依据应是师范大学的功能本身。《总体方案》强调，"改进师范院校评价，把办好师范教育作为第一职责，将培养合格教师作为主要考核指标"。这就要求我们必须把工作的着力点聚焦到这一核心功能上来，也就是说要不断强化指向功能，实现师范大学评价改革。

1. 强化代表性成果评价：基于学科发展与学术本质的"去功利化"

《总体方案》提出，"突出质量导向，重点评价学术贡献、社会贡献以及支撑人才培养情况……推行代表性成果评价，探索长周期评价，完善同行专家评议机制"。这是一个明确的信号，即强调成果的原创性、典型性、前沿性与根本性，而非使数量、比例、帽子等成为评价的主要标准。"去功利化"的价值在于回归本体价值，满足学校育人的本体价值而非功利价值。在科学研究过程中，代表性成果的取得往往意味着科学研究或人才培养、社会服务过程中的基本问题、前沿问题的有效解决与突破，强化代表性成果评价，可以促使师范大学致力于师范大学基本功能承诺与基本问题、时代问题破解的反思性行动，从而脚踏实地建设与时俱进的现代化治理体系和治理能力，促进学校改革与发展。

2. 改进结果评价：基于功能实现的目标与结果相联结

《总体方案》所强调的"改进结果评价，强化过程评价，探索增值评价，健全综合评价"评价原则应充分体现在师范大学的评价中。以功能实现程度为标准的评价显然是一种结果评价，即判断预期设计的教育功能的实现程度。但同时，以功能实现程度为标准的评价也在重新规定目标导向而非相反，因为功能不仅来自目标，也来自结构，还形成于机制。由此，"改进结果评价"要求对我们所熟悉的目标导向评价模式做出改进，建立目标与结果的关联，打破"排名情节"和"产品意识"。强调面向师范院校的功能评价，其本身即是对"结果评价"的改进，功能评价矫正了结果评价中最突出的一个误解，即只把结果理解为实践的后果。实际上，功能评价表明，"结果"应指向问题与目标——论文是为了什么？分数说明了什么……"功能"才是"质"的评价。另外，"改进结果评价"还应从两方面去理解：其一是改进结果评价本身，其二是改进相关管理部门对教育评价结果的使用；前者是一个技术问题，后者是一个价值问题。

3. 强化过程评价：基于丰富内涵的教育本质规定

教育的目的在于实现人的全面发展，因此教育评价的改革应立足于立德树人这根主线。强化师范大学评价中的过程评价，正是对教育内在规定性的回应。应该基于功能实现建构师范大学培养过程完整的分析框架和内容体系，建构学科、专业、学位点、教学等多项评估间的内在关联，形成教书、育人等多个环节的有机衔接，没有过程的教育，不是真正的"教育"行为，正是"过程"确证了"结果"，正如强调严谨、科学的研究设计与实施是为了确保研究数据的可靠性，进而才有资格谈论结论正确与否。另外，强化师范院校评价中的过程评价，不仅仅指为了"功能"实现所设计的制度与政策、所展开的活动与改革，也指在教师培养过程中素养能力的形成，这也是师范大学连接着基础教育与高等教育的一个表现。

4. 探索增值评价：基于学术性与专业性的有机融合

增值评价的基础是分类评价，不鼓励简单化的横向比较，更有助于被评价者的多元发展。对于功能、类别、使命、定位各自不同的高校来说，简单比较办学条件、项目级别、帽子多少会异化评价功能。基于师范院校这一特定组织功能的发挥来看，专业化的教师培养有两种基本模式：其一是融学科与教师教育于一体的师范院校模式；其二是文理学士加教师教育以培养教育硕士的教育学院模式。严格来说这两种模式不可比较。教育学院模式的增值评价内涵清晰，比较容易操作；师范院校模式的增值评价则因其学术性、专业性的双重任务而可能出现一些问题。

未来师范大学增值评价的重点应是将学术性与专业性有机融合产生的教师素养的增值状况。

5. 健全综合评价：基于要素模式向关系模式的转换

功能评价本身就是综合评价的基本样态：正功能与负功能集于一身的综合评价；学术性与师范性相融合的综合评价；理论与实践相结合的综合评价；目标、过程与结果相联结的综合评价；等等。同时，综合评价作为一种评价理念，适用于破"五唯"的每一个方面：改变唯分数，对学生实施综合评价；改变唯升学，对学校实施综合评价；改变唯论文，对教师实施综合评价……只有采取综合评价，对师范大学的评价才可能客观、科学和有效。当下问题的关键在于，对每个要素的评价与对由要素构成的整体评价之间的关系是什么？真正意义上的综合评价要超越要素评价的简化模式，走向关系模式，当然，实现真正的综合还需要长期深入的探索与研究。

另外，指向功能实现的师范大学评价，应有其特有的评价体系，而这需要建立在相对成熟与完善的教师教育理论体系基础之上。从目前来看，这正是教育理论建设、师范大学建设与发展中最亟待发展之处。总之，在《总体方案》指导下的师范大学评价改革，必将进一步优化教师教育生态体系，促进师范大学真正走上"善治"之道，培养更多高素质、专业化、创新型教师。

三、师范大学高质量发展的实践路径

面对新时代新使命新要求，师范大学必须以提升教师教育质量为核心，以推进教师教育治理体系和治理能力现代化为突破口，坚定不移地走以质量提升为核心的内涵式发展道路，着力培养师德高尚、业务精湛、结构合理、充满活力的教师，为我国教育的长期可持续发展提供有力的高质量支撑。

1. 构建落实立德树人根本任务的育人体系

近年来,党中央、国务院相继出台了加强新时代教师队伍建设、振兴教师教育行动计划等一系列重要文件,对推动新时代教师教育治理体系和治理能力现代化作出顶层设计。师范大学要紧紧围绕培养什么样的教师、为谁培养教师以及如何培养教师这一根本问题,落实立德树人根本任务,旗帜鲜明地把培育党和人民满意的好老师作为办学的根本定位,积极构建彰显师范教育特色的高质量的人才培养体系。

要坚持立德树人,牢牢把握为党育人、为国育才的政治方向,把思想政治工作贯穿教书育人全过程,突出全员、全方位、全过程师德养成,把师范大学办成高素质、专业化人民教师的摇篮。要加强教师教育理论创新,构建有中国特色的教师教育理论体系;要从目的意识、实践意识、理论意识等方面都体现出为师为范的"师""范"意识,关注人的理性与情感发展,关注人的知识与能力进步,关注实践知识的价值与意义;要推进不同层次专业教师人才的个性化培养机制,全面提升职前教师的综合素质、国际视野、科学精神和理论意识、实践能力等方面的整体水平;要遵循教育规律和教师成长规律,推进地方政府、师范院校、中小学"三位一体"协同育人,因地制宜建设教师教育共同体;要适应信息化和人工智能时代的教育需求,充分利用云计算、大数据、虚拟现实等新技术,加强教师教育信息化教学服务平台建设,培养未来社会所需要的综合素养达标的高质量教师。

2. 创新激发学科建设内动力的质量保障体制

学科建设是师范教育实现高质量发展的基石。师范大学作为全面振兴教师教育的主要阵地和中坚力量,其职能和作用能否充分发挥,关键在于学科建设的质量和水平。建设高水平师范大学,必须落实学科建设的强校之基地位,坚持内涵、特色、差异化发展,不断提高学校的综合实力和核心竞争力。

一方面，要加强顶层设计，分层分类布局，重点建设好与师范大学办学定位和特色相契合的学科群，从学校实际出发探索建立学科"特区"，以一流学科为引领，辐射和拉动其他相关学科建设，推动形成优势带动、特色凸显、多元发展的学科建设态势。另一方面，要加强在前沿和交叉学科领域培植新的学科生长点，打破传统的院系建制和学科壁垒，推动旨在促进学科交叉融合的学部制改革，做实、做特一批能够支撑国家和区域发展急需、服务教师教育改革创新的交叉学科和新兴学科，建立学科发展与解决重大现实的联系。同时，坚持原则性和灵活性相统一、共性与个性相结合，做好组织结构变革与制度创新，推进管理重心下移，赋予学科建设更多的政策弹性和自主权，加快构建充满活力、富有效率、动态开放、有利于学科建设的质量保障体制。

3. 探索培育重大成果的学术组织模式

建设有特色、高水平的大学，需要主动对接国家和区域重大战略需求，汇聚优质资源，培养一流人才，产出一流成果。师范大学要充分发挥学科门类齐全、学术人才聚集、基础研究扎实等独特优势，把质量和创新放在首要位置，瞄准国家和社会重大战略问题以及教师教育重大理论实践问题，加强多方协同，积极主动作为，多出经得起历史检验的学术精品，提高学校的核心竞争力和社会贡献力。

重大成果的培育要做好组织制度创新，推进学术组织模式改革，加强矩阵式、网格式学术共同体建设，大力培育跨学科、跨领域的创新平台和团队，着力提升解决重大问题的能力和原始创新的能力；要围绕促进重大项目和成果培育，统筹加强学校各类教学科研单位和学术组织之间的协同创新，以问题和目标为导向构建上下联动、横纵贯通、内外合作的协同创新体系。同时，还要加强与政府、企业、学校以及其他社会组织的合作，全面深化政、产、学、研、用协同创新。要有针对性地优化资源配置，探索建立面向重大成果产出的教学科研资源集成调配机制，充分发挥各类资源的集聚效应和放大效应，努力催生一批高质量、原创性、标志性的教学科研成果。

4. 优化高质量教师队伍建设的管理方式

对于师范大学来讲，高质量的教师队伍，既是提高教育质量、推动学校事业发展的重要力量，同时又是面向未来培养一代代高素质、专业化教师队伍的战略骨干。要从培养党和人民满意的"四有好老师"的高度，切实加强教师队伍建设与管理。

要向体制机制改革要增量，统筹规划高水平教育人才的引进、培养和使用，完善开放灵活的人才管理机制，把人才作为创新的第一资源，更加注重培养、用好、吸引各类人才，促进人才合理流动、优化配置，创新人才培养模式，提升优化教师队伍的学科结构、学缘结构和年龄结构；要集聚高层次师范教育人才，落实人才待遇和政策保障，打造一批以一流科学家和学科带头人为领军、以各层各类杰出人才为骨干的高层次创新人才团队，并以此培养和建设一批学缘构成合理、创新意识强、专业水平高、发展态势良好的创新团队；要加强优秀青年教师队伍建设，科学合理制订青年人才引育计划，营造让优秀中青年教师成长发展、脱颖而出的管理环境；要深化国际交流与合作，大力支持教师参加高水平国际化教育教学培训、国际交流和科研合作，从而为新时代培养更多国际化、高质量的师范人才，建设一批高质量的师范院校，为我国教育事业培养数量足、质量高的人民教师。

七十余年来，我国教师教育的发展经一代代学者、前辈们奠基和共同努力，取得了丰硕的成果，积累了丰富的改革经验。本书的整理出版，无疑是对这几十年来从事教师教育事业的十余位前辈和当前教育管理者们经验与成果的回顾，是对师范大学这些年来改革发展的历史见证，是对这一段历史过程的记忆和总结。思既往，向未来。面对新时代、新征程、新使命，愿我们认真学习这些老一辈学者的经验与智慧，进一步强化政治意识和责任担当，紧扣落实立德树人的根本任务，努力构建德智体美劳全面发展的人才培养体系，培养学科知识扎实、专业能力突出、教育情怀深厚的高素质复合型教师队伍，为加快推进教育现代化、建设教育强国、办好人民满意的教育提供强有力支撑。

目 录
CONTENTS

上 篇 ·· 1

师范教育的历史经验、现实挑战与未来展望
　　——顾明远先生访谈实录 ··· 3

师范院校是发展一流师范教育的主力军
　　——王英杰先生访谈实录 ··· 15

发挥市场作用，提高师范教育质量
　　——张楚廷先生访谈实录 ··· 29

师范教育的历史回顾与现实思考
　　——杨德广先生访谈实录 ··· 42

改造我们的师范教育，真正落实职前职后一体化
　　——史宁中先生访谈实录 ··· 57

从历史中汲取智慧，追求卓越的师范教育
　　——刘新成先生访谈实录 ··· 73

自觉探索有中国特色的教师教育体系
　　——刘利民先生访谈实录 ············· 87

开放、灵活、多样的教师教育体制是我国教育改革的必然选择
　　——王长纯先生访谈实录 ············· 105

探索高等师范院校改革的新路径
　　——宋乃庆先生访谈实录 ············· 122

如何处理好双专业是师范教育的关键
　　——谢安邦先生访谈实录 ············· 131

师范院校的人才培养模式与改革发展进路
　　——颜泽贤先生访谈实录 ············· 146

下　篇 ················· 157

新时代师范大学教师教育的责任
　　——上海师范大学副校长李晔访谈实录 ············· 159

地方性师范大学的机遇与挑战
　　——新疆师范大学副校长王晓峰访谈实录 ············· 164

学术性和师范性的结合是师范院校发展的关键
　　——湖南师范大学校长黎大志访谈实录 ············· 169

振兴师范文化是师范院校未来发展的方向
　　——江苏师范大学副校长蔡国春访谈实录 ············· 172

综合性大学办教师教育，对我们既是挑战也是机遇
　　——南京师范大学党委书记胡敏强访谈实录 ············· 176

选拔热爱教育的人去当老师是师范教育改革的一个方向
　　——西北师范大学副校长万明钢访谈实录……………… 182

师范教育的审思与构想
　　——河北师范大学副校长郭毅访谈实录……………… 190

后　记……………………………………………………… 194

上 篇

师范教育的历史经验、现实挑战与未来展望

——顾明远先生访谈实录

访谈时间：2019 年 7 月

访谈对象：顾明远，北京师范大学终身教授、博导，现任教育部社会科学委员会副主任、北京师范大学教育学部顾问。曾任北京师范大学副校长、中国教育学会会长等。

访谈人：王晓阳、黄宇红等

1. 您求学期间的师范教育是什么样的？

顾明远：我们求学时期的师范教育，力量是很薄弱的。全国只有 12 所师范学院。当时中华人民共和国刚成立，文盲很多，在中小学上学的人很少，师范学校就更少了。国家建设发展需要人才，培养人才就需要老师，所以在 1949 年 12 月，召开了全国教育工作会议，对于师范大学做了一个决定，一个坚持办师范大学的决定，决定发展师范教育。

2. 您是从什么时候开始从事与高等师范教育相关的工作的？

顾明远：我 1949 年进入北师大学习，直到现在，70 年了，基本上没有离开过师范教育。我在师范大学学习了两年之后，又去苏联学习了 5 年，学的也是师范。回来后，在师范大学任教，中间去中学待了几年，在中学的这几年让我对老师这个职业有了更深刻的体会。可以说我

一辈子都在从事与师范教育相关的工作，所以我更能理解师范教育的价值。我在中师也待过，1958年我在北京西城师范教了1年书，这所学校是北师大的一个实习基地。

您当时在中学是教什么学科呢？

顾明远：我在师大附中担任教务处副主任，也教了一门俄语课。我是学教育的，是没有什么学科的专业。因为我在苏联学习了5年，所以可以教俄语。

3. 您在相关工作中经历了哪些有重大意义的事件？

顾明远：在"文革"之前，师范教育是很受重视的。院系调整加强了师范教育，每个省都有一所师范学院，每个地区都有师专。在"文革"前，我们的师范教育基本上是按照苏联的模式建立起来的，"文革"期间遭到了破坏，"文革"以后又重新建立起来。重建后的师范教育有了很大的发展。原来师范学院、高等师范学院只有40多所，"文革"后发展到100多所，每个县都有一所中等师范学院。20世纪末21世纪初，又经历了一次变革，中师被取消，升格为师专；师范教育变成了教师教育。职前职后一体化，一方面提高教师的学历，另一方面是把职前的培养和职后的培训结合起来，这是一个很大的变化。现在，我们的师范教育体系基本建立起来了。

4. 在您工作期间，师范教育政策发生了怎样的变化？请您谈谈相关政策出台的过程和背后原因？

顾明远：师范教育确实经历了一段曲折的道路。"文革"前，基本上是以师范院校为主建立起来的一套师范教育体系，除了师范学校以外，各个地方还有教育学院，职前职后两套体系都建立起来了。"文革"期间，师范教育体系遭到很大破坏，差不多停招十年。"文革"以后又重新建立起来，在这过程当中，有几件事格外值得我们回顾：一个是加强了中师的教学，我们借助世界银行贷款建立中师，出现了一大批好的中师，各个县都有，共 1000 多所。那时中师的招生，是从初中开始的。提前招生，招来的都是很优秀的学生。当时的情况和现在有很大不同，那时候城乡差距是比较大的，有城市户口和农村户口之分，通过提前招生，有一批农村户口的学生能够转为城市户口，所以当时有一批优秀的农村户口的学生，他们很愿意通过提前招生的形式到中师来。20 世纪 80 年代的时候招到了一批很好的师范生，这些师范生都是小学教师的骨干，现在他们都 50 岁左右了，甚至现在很多的小学校长都是那一批学生中出来的，非常好。

师范院校也有 100 多所。在普及九年义务教育之后，我们意识到要提高师资水平，这是毫无疑问的。但是到了 20 世纪末 21 世纪初，出现了师范教育转型的问题。名称上转型了，现在不叫师范教育，而叫教师教育。为了提高学历，中师被取消了，有的中师升格为师专，但是大多数的中师都变成普通中学了，我觉得这是师范教育走的一段弯路。当时提出了几个转变：第一个是提高学历；第二个是职前职后一体化，为此取消了教育学院，很多教育学院被合并到师范学院去了，或者成立第二师范学院；第三个就是鼓励非师范院校来培养教师，比如，清华、北大也建立教育学科，培养教师。

这个政策有一定的道理，但是没有充分考虑到我国的特点。一方面，我国人口众多，有 2 亿多名中小学生，经济发展不均衡，特别是中西部地区，要使所有的中小学教师都快速提高学历，这个不现实，应该逐步来。另一方面，对于提高学历，国家有一个规定，高中毕业再上师范教育才是高等学校，因此高师招生就不如以前中师提前招生的时候招到的学生优秀。现在纳入高等学校了，纳入高考了，因为高师是专科，录取的学生算是高考里水平最低的一批，所以优秀的学生就进不了师范院校，除了几所师范大学以外。我觉得这一举措反而降低了小学教师的水平。这是一个历史的教训，我个人认为当时不应该取消中师。要提高学历，可以延长学习时间，原来3年，可以延长到5年或者6年。但是我们把它划分得太过清楚，好像只有高中毕业以后才叫高等学校，初中毕业以后上学就不能到高等学校了。这种观念是旧的观念，也导致有很多优秀的学生没有进入中小学教师队伍，这是一个很大的经验教训。

还有一个问题就是，我们的高等学校都想办成像清华、北大这种综合性、高水平、世界一流的大学，很多学校对培养师资不感兴趣。即使到现在，清华、北大也没有培养本科生从事教师工作，只是会培养一些研究生，但是研究生的数量是有限的，我们1000多万教师，真正要达到研究生水平的，还是很少。在院系调整以前，北大是有教育系的，清华也有，院系调整之后就没有了。我认为这次的改革走了一段弯路，所以，我们要重新理清师范教育和教师教育的体系。去年中央发表了关于教师队伍建设的几点意见，其中：我们国家还是要以师范院校为主体，当然，也鼓励其他院校来培养师资。原本的想法是，由像清华、北大这样高水平的院校来培养师资，可能对师资水平的提高有好处，但因为对我国国情和大众教育观念认识不到位，导致21世纪初的改革走了一些弯路。

当时取消中师这些决策有没有征求专家们、大学教授，比如，您的意见？

顾明远：转型是经过讨论的，但讨论不够充分和全面。要提高教师的专业水平，这是大家一致认同的。中师毕业生的文化水平不如高中生，在中师他们要学教育学、还要学心理学，加之很多理工科的学生学习本来就较差，而高中生学的是全科，所以中师毕业生在文化水平上来讲，确实不如高中生。所以说，提高小学教师的学历，这是大家的共识。至于怎么提高，这个没有很好的讨论。

职前职后一体化是大家的共识。不能是师范学校培养完成后就是一个好教师了，工作以后还必须要进一步培养、进一步培训。怎样进一步培训呢？当时也有一种不完全正确的认识（也不能说它是错误的），认为教育学院水平不如师范大学，而师范大学出来的学生还要到教育学院去培训，好像不合适似的。其实教育学院有它的优势，因为教育学院接地气，它一天到晚和中小学教师打交道，非常具体，很有操作性。但是我们忽略了教育学院的这个优点，只看到了它的学术水平好像不如师范大学，就把教育学院取消了。

师范大学一体化现在还没有完全做到，也不可能完全做到。而且现在教师数量庞大，难以回到师范学校去培训，因此现在的国培计划、省培计划很多都是在省里进行的。现在教育学院没有省里培训了，所以需要师范学院培训。而现在很多师范大学、师范学院，它们对培训不是很重视，因为现在还有很多评估的指标，甚至很多机构的培训都不算工作量，都不算学术成果，所以很多师范学院对培训的积极性不高，甚至很多学校把它作为一个创收的机构。我认为我们的政策设计没有充分考虑到我国国情，所以走了一些弯路。当然我们现在在加强国培计划、省培计划，促进我国师范大学、师范学院成立基础教育基地、培训基地，都是为了加强一体化。相信我们能够把它做得更好。

总之，师范教育政策变迁过程中走了一些弯路，我觉得应当这么评价：其中一些弯路本来是能够避免的，但当时我们认识得还不够。

5. 您当校长期间，对高等教育、师范教育有什么看法？在学校推行了怎样的改革措施，有什么经验教训？

顾明远：我1984年开始担任北京师范大学的副校长。因为我一辈子从事师范教育，所以我认为要加强师范教育，就要加强师范大学对中小学教师的培养，当时我做了以下几件事情：

第一，成立了一个教育管理学院。可以说，那是我们中国第一个教育管理学院。过去我们没有教育管理学。我认为教育管理是一门科学，应该作为一门学科来建设，所以我就把原来教育部的华北教育干部培训中心改组为第一所教育管理学院。当然是两块牌子。

第二，我把学科教学组织了起来。过去，师范生有一门课叫教材教法，学校不是很重视这门课，看不起学科教学。其实教材教法既是一门科学，也是一门学科。所以1983年我在国务院学位委员会教育学科评议会上委员会制定专业目录时，就提议把教材教法这门课改为学科教育论，这就提升了教材教法的学术地位，而且首先在首师大、华东师大、北师大三个学校实行。这是在研究生专业目录上。在北师大，我成立了一个学科教育研究中心，并把这些分散在各个系的教材教法的老师集中在一起。虽然现在也不是完全集中，但是经常在一起开会。当时提倡的是小学五年、初中四年，我们把这些老师集中起来，编写"五四"教材，这样就形成了一个团队。他们过去分散在各个系，不被各个系的专业老师所重视，评职称都很困难。我们重新组成一个团队后，就争取到了职称的编制，正教授职称的编制。

第三，成立了一个学位委员会的教学分会。凡是师范专业的，特别是研究生，他们的答辩、学位认定都是由学科教学分会来认证，这样就加强了学科教学的建设，同时也提高了学科教学老师的地位。所以现在，在北师大，学科教学已经成为一个很重要的学科，而且出了很多研究成果，教师的成长也比较快。这是我在教师教育方面做的几件事。

6. 您对您当校长（领导，教师）时的我国高等师范教育如何评价？

顾明远：对高等师范教育的评价，我觉得主要围绕一个问题，也是大家一直在争论的一个问题，就是师范教育的学术性和师范性。这个问题从20世纪50年代就开始争论了。当时是从北师大开始的，那个时候北师大有一位教务长，也是我的老师，他提出师范教育要面向中学，然而我们师范大学的很多老师都反对，他们认为师范大学要面向综合大学，向综合大学看齐。争论就由此开始了。有的老师就认为，师范大学的毕业生不如北大的毕业生有后劲，因为20世纪50年代师范大学的学生要学习教育学、心理学、教材教法，还要去中学实习，一共有两次实习，一次初中实习，一次高中实习。所以，从学术学习来讲，认为师范大学学生没有综合性大学学生学得多，师范大学的毕业生与北大的毕业生相比，后劲不足，于是师范大学的老师就提出要学术性。师范大学有它的特殊地位。师范大学在解放以前与北大是平起平坐的，老师都是共用的，我们很多老师既是北大的老师，又是师范大学的老师，现在变成师范大学之后，就好像低人一等似的，所以有些老师不甘心。说实话，觉得师范大学应该向综合性大学看齐，师范大学的综合性和师范性就这样争论了很长时间。

时间来到1960年，师范教育会议召开，当时的教育部副部长周荣兴说："你们不要争论了，从学术水平来讲，师范大学和综合大学应该是同一个水平。但是师范大学应该有更高的思想水平和能力，所以，师范大学的学生延长一年，实行五年制，本科学五年。"北大学4年，我们学5年，所以从1960年开始，师范大学的学制就变成了五年制，一直到"文革"。华东师大在1961年开始五年制。这两所大学"文革"之前都是五年制，但是到"文革"以后就没有再延续了。然而这个争论在"文革"以后还在继续，一直到我当副校长的时候，还在延续。这里面有历史原因，另一个原因就是，大家认为教育科学人人都懂得，觉得它的科学性不是那么强，所以不被看重。即使我们的很多老师、理科的专家都认为，把学科学好了就能当老师，对老师的专业素养重视不够。所以"文革"以后，实习时间越来越短，只有6周（不到一个半月），短到学生去中学里面转一圈，上两节课就完了。过去我们是要上两周课的。所以实习对于教师职业专业的培养，大大削弱了。

中央关于教师队伍建设的几点意见中讲到，要振兴师范教育，师范院校的学生到学校的实践不能少于半年，要加强专业的训练。因为教师不是有了知识就可以当教师，教师既是经师又是人师，特别是当人师特别重要，要培养学生优秀的思想品德，还要教会学生学习方法和学习思维。可以说，我们现在对于师范教育抑或是教师教育的认识，有所提高。

王晓阳：所以关于师范性和学术性的争论仍然没有结论吗？

顾明远：20世纪90年代争论了一段时间，现在不怎么争论了，但一直存在。

王晓阳：我想到了清华的工学教育，它也有一个工程科学和工程技术的争论：是科学基础好一点还是工程技术实践好一点？是应该培养工程师的毛坯呢，还是成形的工程师？这一争论非常激烈。

顾明远：对，有矛盾。

7. 您认为目前师范教育存在的主要问题是什么？

顾明远：当前很突出的一个问题，就是没有优秀的青年来读师范，我觉得我们的教育有一个悖论，家长的一个悖论：家长总希望把孩子送到最好的学校，不仅要送到最好的学校，而且要找最好的老师。但是，很少有家长愿意把孩子送到师范院校来。一方面，因为教师的社会地位、工资待遇都还不高，当然在北京还不错，但是在全国范围内，从待遇来讲还有待提高。另一方面，我们整个社会还没有形成尊重教师、信任教师、依靠教师的社会风尚。所以优秀的青年读师范的很少。

我们的师范院校还是因为学术性的问题，把学科放在了第一位。当然这很重要，加强学科的地位是当前的一个趋势。但是国外不同，国外是学完了学科再去学教育专业，我们是在本科就要培养教师，他们是在研究生阶段才培养教师。从国际上来讲，加强学科水平有它的道理，因为现在科学技术这么发达、文化也在发展进步，知识成倍地增加，老师的学科知识要加强、要提高，这没有问题的。

问题在于教师还要认识学生，用教育的规律来教育学生，这两方面确实有矛盾。我认为就我们国家来讲，两个都需要重视，这就涉及一个

"整合"的问题,比如说,通过什么方式来尽早地培养学生的专业思想,让他们安心做教师,愿意做教师。师范教育中教师的成长首先在于学生的意愿,只有愿意做教师才能成为一个好教师,这是第一位的。第二位就是教师学术水平的提高,教育水平的提高。所以现在我们关于教师队伍建设的意见中强调了教师的实习,让师范生去实习。另外就是过去叫免费师范生,现在叫公费师范生,有所加强,但是只有6所师范大学招收公费师范生,太窄了,虽然这6所院校水平高,但是它们培养的学生真正去农村的很少。因此公费师范生应该在地方师范院校执行,地方院校培养本地教师,他们就能够在本地留得住。

王晓阳:您刚才说到这个问题,优秀的青年不愿意从事教师职业,您觉得这些年来教师地位有所提高了吗?

顾明远:从整体上来讲,国家一直在为教师地位的提高而努力。1985年成立了教师节,一直在提倡提高教师地位,评选先进工作者、劳动模范,采取各种措施提高教师的社会地位。但教师地位的提高不是一朝一夕就能够实现的,全社会的教育观念还没有改变,特别是农村地区、贫困地区教师的地位有待提高。

王晓阳:像您所说,中国家长希望孩子受到最好的教育,却不愿让自己的孩子做教师,这确实是一个悖论。

顾明远:确实是,受目前的社会风气影响,经济主义、功利主义比较盛行,到企业去、当公务员的待遇比较好,社会的各种待遇的差别,也使得家长不愿让孩子做教师。

8. 您认为当代高等师范教育的未来发展方向是什么?有哪些趋势?

顾明远:2018年国务院颁发的《关于教师队伍建设的意见》已经讲得非常明确了。从中国的国情出发,以师范院校为主体,来培养幼儿园、中小学的老师,但是也鼓励其他院校培养师资,特别是鼓励我国一流的大学来培养师资。而且《意见》上讲得很明确,我们培养师资要提高水平，从量到质，要培养高素质、专业化、创新型教师，这个要求很高，对于师范教育还有很重要的任务去完成。另外，教育部为了贯彻这个意见，也在加强师范教育的认证，成立师范专业认证委员会。前天我们刚开了会，对师范专业每一位毕业生都要进行认证，加强教师教育的专业性，真正使这个专业能够培养高素质、专业化、创新型的教师队伍。另外对非师范专业的毕业生，入职考试、国家的考试要加强，教师资格证书要严格控制，让真正优秀的人进入教师队伍，这是我们今后发展的方向。

王晓阳：这个认证是一个合格标准和基本要求吗？

顾明远：对，认证分级别。对普通院校有合格认证，对师范院校有三级认证，分很多指标。

9. 您认为高等师范教育在国家经济与社会发展中的作用和地位如何？

顾明远：师范教育，或者说教师教育，它在整个国家发展中的地位和重要性是不言而喻的。因为国家要培养人才，人才的培养靠老师。所以我们经常讲，教育大计，教师为本。虽然说现在的科学技术很发达，学生能够从网络上通过各种渠道学到知识，但是教师是学生的引路人——锤炼品格的引路人、学习知识的引路人、创新思维的引路人、奉献祖国的引路人。从目前来讲，教师是不可缺少的，我们信息技术虽然发达，毕竟还只是一个手段。现在大家都在谈"人工智能+教育"，人工智能会影响教育，影响教育的生态环境，影响教育的领域、手段，甚至是教育的师生关系。但是教师育人不会变，立德树人的根本任务不会变。立德树人不能靠机器，还是要靠老师，人是要靠人来培养的，所以老师是不可缺少的。老师这个引路人，要引导学生走正确的道路，从这个意义上来讲，培养高素质、专业化、创新型的教师就非常重要了。

黄宇红：现在师范院校认证热度很高，但是有人认为师范院校认证又是一套程序性的东西。因为师范院校都很累，每个院校都要去认证，而认证的档次又不一样。比如说，北师大、华东师大现在是三级认证，可以直接颁发教师合格证。而首都师范大学是二级认证，如果该校的师范生毕业，还需要去参加国考，那您觉得认证的意义何在？

顾明远：因为过去没有认证过，教师水平良莠不齐，那怎么使他们都达到合格的水平呢？那就需要认证。就像过去评估似的，大家累得不得了，甚至弄虚作假，现在我们不要弄虚作假，我们要真正的认证一下。当然，认证也可以简化，比如，数据的采集不需要老师去报，认证主要是去听课——听老师的课。所以认证的专家很累的，他们要去一线听老师的课。用6年的时间来完成，完成了以后就好办了。认证是有必要的，但是如何简化手续，是一个方法问题。

王晓阳：我们一直讲师道尊严，刚才也说到了学生能够通过网络的手段获得很多的知识，所以现在国外很多在说师生平等。那您觉得师道尊严与师生平等这两者之间有没有一定的矛盾呢？

顾明远：师生平等是应该的，民主平等，特别是现在这个时代，老师应该与学生一起学习，成为学生学习的伙伴，教师已经不是知识的权威，也不是知识的唯一载体。学生可以通过各种渠道获得知识，况且老师讲得不一定对，所以平等是要的。但是师道尊严是老师的自身人格魅力给学生的影响，是老师在人格上、学术上、学风上给学生的榜样。所以我认为二者不矛盾，平等了才可以谈尊严，不平等了反而没有尊严可谈。你压制学生，学生怎么可能去尊重你呢？

王晓阳：发达国家在教师培养方面有何可以借鉴之处？

顾明远：发达国家和我们不同，他们的教师教育进入了研究生阶段，一般都是本科生读完了之后再去教育学院读教育专业，我们现在还做不到，这个是学制上的差别。还有一个最主要的差别是教育观念的差别。先进的教育理念把学生放在主体地位，充分认识学生的主动性、能动性，我们旧的教育观念错误地将师道尊严理解为老师说了算，以老师的教为主，对学生潜在的能力估计不足，不能很好地调动学生的积极性、主动性。如果我们跟国外比的话，差距就在这里。另外，我们往往重视学生知识的掌握，很少重视思维的培养，以致基础知识打得很牢固，但学生缺乏创新思维。

王晓阳：美国没有一个独立的师范系统，它是在完全综合化的大学里培养老师。

顾明远：对，本来我们想学习它，但是我们学不来，因为我们的传统不一样。虽然美国没有独立的师范教育系统，但是它综合大学都有教育系，我们的综合大学没有教育系。比如，北大，它有教育系吗？它有教育学院，但是没有本科生，它不培养本科的师范生，但是国外都有。美国大学的教育学院就等于我们师范教育的体系，它是一样的，只是形式不同。他们是培养研究生，我们是从本科生开始培养，差别就在于此。我们国家大，底子薄，基础差，教师队伍大，不容易做到这一点。

师范院校是发展一流师范教育的主力军

——王英杰先生访谈实录

黄宇红、吴敏（校订、整理）

访谈时间：2019 年 7 月

访谈对象：王英杰先生，北京师范大学教授，博导，教育学部学术委员会主席，曾任北京师范大学副校长。

访谈人：王晓阳、黄宇红

1. 您求学期间的师范教育是什么样的？

王英杰：我本科阶段不是在师范院校学习的，是在外语院校学习的，所以在本科阶段，真的没有什么体验。本科阶段的老师也没有师范院校毕业的老师，但是我上的中学，倒是让我对师范教育有一点体验和体会。我毕业于北师大二附中，在那里学习了 6 年。1958 年入学，我入学的时候还是"四十六中"，现在北师大二附中已经是全市的重点中学，是非常优秀的中学了。我入学之后才改为北师大二附中，一入学就赶上 1958 年教育大革命——教育改革。所以那时的课程和教材全部都是新的，都是北师大编的。北师大来了相当一部分老师，参加教育改革，推进教育改革。

那个时候我虽然还是孩子，但还是感到大学来的老师不一样。那时我虽然很小，但也能体会到教育改革的艰难。1958年开始改革，没过多久，1959年开始困难时期，特别是1960年等于是改革基本上结束了，重新回到了未改革的时代，课程和教材完全都回到传统了。这时候我的切身感受就是教育改革真的不容易，靠运动式的改革很难奏效。另外，在北师大二附中时，一个体验就是：北师大"反右"的时候，一批老师有问题，被放到了北师大二附中，而这批老师，后来大都成为非常优秀的老师。在高中阶段，我们的数学老师、语文老师还有若干其他老师都是从北师大来的。

"文化大革命"后，有的老师又重新回到北师大来当教师，他们都是非常优秀的老师，对于那个时候上高中的我们来讲，北师大的老师真好、真优秀。师范院校来的老师，确实有点不一样。他们知识很丰富，教学方法很不同。从大学来的这些老师，他们不只是传授知识，还教学生方法，给学生启迪。特别是当时的数学老师给我印象特别深刻，他经常挂在嘴边的一句话就是，"如果你用与教材上不同的方法解一道题，你就会有所发现"，以前的老师是从来不讲这种话的。所以，从那个时候开始我对师范教育有了最初的体会和感受。大学本科时赶上了"文化大革命"，1968年我们到部队农场锻炼，从那以后，对师范大学就没有太多的交集和感受了。

2. 您是从20世纪70年代以后来北京师范大学工作的吗？

王英杰：对，我是从1973年开始在北师大工作的，那个时候"文化大革命"还没有结束，当时我们这个研究院叫作"外国问题研究所"，除了研究外国教育，还研究苏联文学、苏联哲学、美国经济还有翻译史等，那个时候我才真正地开始接触教育，开始对教育有一点感受。"文化大革命"期间，我开始研究外国教育，并以批判西方的教育思想为主要研究目的。当然我们也有一些动态、一些文章反映给当时的教育领导小组，也有些这样的东西产出，但是实事求是讲，我自己是学习外语出身，没有学过教育，又刚到大学里工作，开始工作的时候，主要从事一些行政性的、辅助性的工作，所以那时对师范大学开始有感受，但是对师范教育并没有深刻的研究。

3. 您在相关工作中经历了哪些有重大意义的事件？

王英杰：1973 年以后的一两年，北师大开始恢复招生，招收工农兵大学生，似乎一切都开始发生变化了，开始重新恢复了，从教学科研的角度来讲这应当算是第一步。对我们这个研究所来讲，那就稍微再早一点，我们恢复研究、出一些相关动态，确实要更早一点。

4. 您在工作期间师范教育政策经历了怎样的变化？谈谈相关政策出台的过程和背后原因。

王英杰：这个很重要，从国家政策到师范大学对自己的定位，对中国整个的师范教育有着重大影响。

从我自己的感觉来讲，第一个重大事件就是全国教育大会。20 世纪 80 年代初由邓小平主持，我们研究院为此做了大量的工作，提供了几十万字的资料，教育大会一开，改革开放重新开始，这是一个重大的事件。另外我认为，教育是在全国的改革开放中起到重大作用的一项政策（不仅仅是师范教育，是教育）。1979 年开始派遣留学生，我是 1980 年到美国去的。直到今天我们仍然要想一想，教育在我国整体的改革开放过程中，是起到了引领的作用，还是落在了后面，特别是高等教育的国际化我们做得怎么样？这都是值得深思的问题。

派遣留学生这一重大政策，对于师范院校、对于整个国家的教育都产生了重大的影响。当你们后面去采访其他专家学者的时候，就会发现，他们中大多数都在国家改革开放的时候走出了国门，在这一点上，我觉得对于我们国家教育政策的制定产生了重要的作用。

再有，我认为很重要的一点就是师范教育，特别是师范大学，到底应当如何办？向何处去？在改革开放之初，没有什么太大的疑问，就是

17

恢复大学，尽快地培养高质量的、优秀的人才，特别是优秀的教师。但是随着社会的发展，很明显感到师范大学的发展受到很大的制约，产生了一些辩论的问题，今天仍然可以认为这是伪问题，但是，辩论是真实存在的，并且对师范大学、师范教育产生的影响是重大的。师范性和学术性并不是矛盾的两个方面，并不是说师范性强了学术性就差，或者说学术性强了师范性就差，从这个意义上来讲是个伪问题。但是我觉得从政策制定到高等学校的办学上，对学校的领导以及广大的教师来说，这个问题还是始终没有解决的。

反映在决策上，我曾经在教育部举行的一次座谈会上提到过这一问题，我说："为什么师范大学到今天，总体感觉不如综合大学？地位不如综合大学、国家的投入不如综合大学、在公众的心目当中质量水平不如综合大学，这是怎么造成的？谁造成的？"当时我就讲，"这是国家政策的一个产物，是国家政策影响的结果。想一想，当北京师范大学刚成立，甚至在整个民国时代，以北京为例，最优秀的大学可能除了北大就是北师大，后来，清华发展起来了，除了北大、清华，不能不数北师大，当然那个时候还有燕京大学等，但北师大绝对是排在最前列的。但是在家长心中、在报考学生心中，可能就不是这样，在国家的投入方面可能也不是这样。这和国家投入密切相关"。这就使我想到，在我们参加"211"评审的时候，评审专家组到我们一些实验室去参观，到低能核物理实验室去参观，有人就说，"哎，北师大怎么还会有这样的实验室啊？"那时黄祖洽先生也在那，他是院士，并且做得很优秀，"哎，北师大还会有这样的实验室啊"，这个不只是专家，甚至教育部有关的人员都会提出这样的问题。由此就能看出在他们的心目当中，对北师大是如何定位的。

我是1995年开始到学校工作的，担任副校长。我进去第一件事就是紧锣密鼓地，来争取"211"评审，因为国家政策在那里，你进入不了"211",你的经费、学生招生等就会受到一系列影响。所以我再次提出并强调,培养教师是北师大的优先选择、是北师大的重中之重,以北师大的实力本应很快通过评审,但当时费了很大的劲,这反映出政府的决策和对北师大的定位之间存在着不断的、相互的互动和认识过程。

党代会、教代会在召开时都明确提出来,要创办世界一流大学,但是当时很明确,创办世界一流大学,只能"2"或者"2+7",这个也反映了国家对师范教育、师范大学的认识。再后来,在这个问题上一个客观的实际反映出来,师范院校不发展,没有办法。紧跟着问题就提出来了:综合大学可以办教师教育,那么师范大学可不可以提综合性?对于我们做比较教育研究的人来说,从我们自己的认识来看,世界上的师范教育、教师教育都走过这样一个过程。以美国来讲,先是师范学校(和我们一样)、后来师范大学、再后面是州立大学,似乎是必然的发展过程。那么从我们对世界一流大学的研究中发现,在这些世界一流大学中,没有专门性的学院和大学,都是综合性的。所以就北师大来讲,当时我们强调:建立综合性的、研究型的世界一流大学。但是政策发展总是变化的,最近这两三年,特别是国家领导人视察了北师大之后,中央巡视组进来之后,再次特别强调的就是教师教育的特点。

那么现在办学的明确目标提出来了:教师教育特点,然后是综合性、研究型、世界一流。可在我们做比较教育研究的人来看,世界上哪所世界一流大学是教师教育特色的?加上这个"教师教育特色"之后,怎么和"世界一流"协调起来呢?但是不管怎么样,现在政策上很明确,我们做教师,在师范院校里工作,无疑,教师教育特色不可少。对于培养优秀的教师,师范大学无论如何是责无旁贷的,是第一位的,应当做好。从这一问题可以看到这样一个线索,所谓学术性与师范性、师范性与综合性是在不断博弈的。这个问题在逻辑的角度上讲是个伪问题,但现实当中有它政策性的含义,对于大学来讲、对于师范大学校内统一思想来讲、对于师范大学制定办学方向来讲、对于政府政策来讲，和这个问题的讨论都是密切相关的。我从1973年进入北师大以后，特别是改革开放以后，从一个局外人开始，到成为这里的教师，到走上学校的领导岗位，始终经历着这个问题的讨论、辩论，经历着大学的办学方向、办学目标如何确立的问题，这对于师范院校来讲太重要了。

王晓阳：北师大这些年已经相当综合化了，是吗？

王英杰：对。

王晓阳：非师范类的专业已经相当多了？

王英杰：对。在这方面，北师大可能在全国的高等师范学校中带了一个头，但是至于如何把它定性为带了一个好头还是带了一个别的什么头，这个不好说。但是我认为师范院校的综合性是不可避免的。我们可以倒过来，从最基层的师范院校开始，地区一级的师范学院现在基本上不存在了，为什么？从办学效益来讲，肯定这样是最高的，因为地区一级，它所需要的人才是综合性的、全面的、各学科的，而师范院校的学科虽然以文理为主，但是具有综合性。从国家的投入角度来讲，投入这样的一所学院，使它综合化起来，培养各方面的人才，肯定比重新建一所综合性的学院，而把师范性的专科维持在师范学校上的投资效益要高，这是一个必然的发展结果。

从北师大来讲，现在教师教育专业与非教师教育专业差不多各占一半，我觉得这是一个必然的结果。这反映了社会需求是多元的，师范院校有它的潜力、能力和实力去做好其他方面的人才的培养。这仍然是一个政策性的问题，我觉得这是未来师范院校不可避免地要去面对的。就是说把这些专业划分为师范性（或者说教师教育性质）或者非师范性，好还是不好？必要还是不必要？科学还是不科学？这个问题将来必然会碰到。这是给学生以选择的自由，使他们在选择之后既可以到学校去担任教师，又可以到其他行业去就业，这一问题肯定是要研究的。

现在是否有必要呢？从一个角度来讲是有必要的，就是从我们现在一些贫困地区的师范生的角度，如果这些地方没有一定的政策保障，可能吸引不到足够的优秀教师去，这是一种政策性的选择。但是这也反映出一个问题，即教师这个职业还不是社会上最具有吸引力的职业，所以才需要通过政策的选择，来强制性地使一部分学生回到教师职业当中去。但是随着国家发展，随着国家收入分配得更加均衡，地区之间的差距不断缩小，师范院校早晚要面对这个问题。从整体上来讲，现在师范院校每年培养的师范专业的学生远远超出了教师这个职业国家定岗定编的岗位需求。当然如果要把代课教师都替换下来，现在国家的统计数据已经远远超出了。

应当如何去做？是把政策的选择交给学生，还是通过政策的制定强制让一些学生到这些师范院校去？这是一个政策选择的问题。即使是现在，也有一些地区由于发展的不平衡，缺少合格的、优秀的教师，采用什么样的政策，这仍然是需要研究的问题。比如，在国际上已经非常成熟的一些经验，给学生以贷款，如果他们到偏远的地区工作5年，就可以免除他偿还贷款，这是一种政策选择。另一种政策选择就是免费给予助学金，然后毕业之后必须回到原来的地方去，这是两种不同的政策性的选择，哪种为好尚需进一步研究。

5. 您刚才也谈到了在您工作期间对高等师范教育政策走向的一些认识，您认为当前高等师范教育主要面临哪些问题？

王英杰：高等师范教育要发展，关键还是对教师的需求，我觉得这是第一个问题。现在看"数量"是没有问题，关键是"质量"。

在质量当中，就学科专业来讲，以北京师范大学教师为例，我们的学科专业总体上还是不错的，当然，我们在学科专业上的培养不只是师范院校这样，我们其他高等师范院校都一样。就是说，我们培养的教师能不能站在他们学科专业的最前沿，不一定是研究学科专业的最前沿，但一定是了解学科专业的最前沿，要知道学科专业向何处去、向什么方向发展，要知道这个学科专业所面临的主要问题是什么。也就是说，给予学生的知识：第一，它是不落后的、是与学科专业发展相匹配的；第二，在基础学校，要让学生知道，学科专业的专家学者是如何思考问题的，也就是说，要知道学科专业的教授、专家是如何设计他们的研究方法、研究范式、研究框架，去研究这些问题的。作为这个学科专业基础学校的教师来讲，我觉得这是一个很高的要求，不只是要传授的知识不错，还要知道这个学科专业的发展方向，了解学科专业的最新研究成果，能够给学生解说。因为现在学生接触的知识是非常广泛的，他们获取知识的手段也是非常广泛的，他们会知道现在学科有哪些假设性的问题、有哪些难以理解、难以认识的问题，他们会有这方面的困惑，所以要让学生去了解学科领域的专家是如何去思考这方面的问题的。也就是说，使这些基础学校的学生有好奇心、有研究的冲动，这是更高的研究，所以培养的学生应该在这方面有所要求。这是学科专业方面的。

同时，在教育方面，我觉得需要我们认识更多的问题，教育心理学科这些年有了很多新的发展，最近我看到在对教师的评价当中，上海又名列前茅。我觉得很重要的，就是教师的观念。从全国的角度来讲，我们传统的师范教育的学生，在学校里的时间（去基础学校实习的时间）太少了。他们毕业之后不能适应学校里的教学，上岗需要很长时间的摸索和适应阶段。从世界的教师教育来看，在实习或者教师实践这方面，有了很大的发展和变化。就拿首师大来说，进行了"教师发展学校"的研究，我觉得这是非常有必要的，这是未来教师教育很重要的一块内容。当然，最重要的还是我们顾明远老师所讲的：没有爱就没有教育。现在我们的师范生，有多少是真正地爱学生、爱教师职业，主动地第一志愿选择师范？我觉得这在未来，对于培养什么样的教师是很重要的前提条件。当然，光靠我们师范院校解决不了这样的问题，很重要的就是在社会上，教师职业能不能成为最吸引人的职业，这恐怕是国家政策上的重大举措。同时，这和我们国家的文化密切相关。我们国家的传统文化是一个非常冲突的、矛盾的文化：一方面，尊师重教，从孔老夫子说起；另一方面，从传统社会家长的选择上，有钱不做孩子王。从孩子自己的选择也是这样，"这个教师对我的一生有很大的影响，我很尊重并且热爱我的教师，但是我个人未必想当教师"。这是我们传统文化当中非常矛盾、冲突的地方，这对师范院校来讲是一个巨大的挑战。就拿北师大、首师大的附中来讲，以成为教师为目标进入本校学习的毕业生屈指可数。可以调查一下，在我当北师大的副校长的时候，我主管北师大的三所附中，每年三所附中当中能有一两名学生第一志愿是报考北师大，就是不得了的事情，即使是报考北师大，也不是冲着当教师来的，而是有读研、读博、出国等其他的选择。所以从我们师范大学的教师来讲，经常有一种内在的悲哀，我们热爱这个事业，我们想培养一流的、优秀的教师，但整体的社会环境、社会氛围并不支持。

王晓阳：这跟教师的经济、社会地位低有关？

王英杰：对。我觉得这可能是一个漫长的过程。这样说起来，作为师范大学（主要指培养教师的这一部分），主要面临这几方面的问题：第一，职业的理想、个人的理想。有没有这个理想？是不是真正的热爱这个行业？由此，是不是热爱学生？第二，他们的学科专业能不能站在前沿，能不能给学生带来思想的冲击？能不能给学生带来好奇？学生们学习这个专业，从而知道这个专业是如何发展、如何研究的。第三，他们对未来的工作对象——学生的发展、心理的了解，如何教授不同发展阶段的学生？因此他们要有教育观念的转换。从师范大学未来对学生的培养上来讲，充满了挑战。师范大学理应办得更好，理应培养出更优秀的学生，理应为国家的未来做出更大的贡献。第四，我觉得国家的政策也好，师范大学的定位也好，这种综合化的发展是不可避免的、无法阻挡的，同时，这种综合化的发展并不一定会给教师教育带来损失。比如说，社会对基础教育的要求越来越高了，不仅仅是教物理、化学、生物……要有法律方面的专家，进行法制教育；要有经济方面的专家，让学生从小就学会经济方面的知识；学会如何保护环境，需要环境可持续发展方面的专家……要求会越来越宽广，但是不能把所有的专业都变成师范性的。同时，这些专业发展起来之后，也不是说学生就不能到学校去任职了，应当给学生自主的选择。所以从综合性的角度来讲我觉得这是不可避免的。

从学术性的角度来讲，随着国家的发展，要求会越来越高，不能够落后于学术的发展，师范学院应当在学术上，不管是哪个专业，都应该能够与综合性院校相匹敌。所以就师范院校未来的发展而言，我觉得政府的政策应当给师范院校更多的自主权，由它去定位、去发展，但我们不会因此而忽略了师范教育（教师教育），不会因此而减少了优秀教师的培养，不会因此而使教师的培养质量下降，这是不会的。这是我们在师范院校工作的教师的共同愿望。我们的这一个特点，不会湮灭。以美国的一些著名的州立大学来讲，凡是传统上、历史上培养过教师的，现在仍然是优秀教师产生、培养的地方。对于我们国家来讲，我觉得师范院校有它特殊的优势，我们今天仍然叫作师范，就如北师大的校训"学为人师，行为世范"，这是和普通院校所不同的地方。我看了那么多大学的校训，我觉得北师大的校训既有特色，又在学术上有非常高的要求，同时又突出了师范院校的特色。所以从这一点上来讲，我觉得师范院校应当办得更好。

从中国传统文化来讲，不管是什么院校、高等教育培养出来的人，都应该是高素质的，应当是行为世范的人，即使你不是教师。所以我觉得我们师范院校应当保留我国传统文化最重要的机构——师范。在国际上来讲，这叫 normal。什么是 normal？就是为社会制定标准的地方。什么标准？就是行为标准、道德标准。所以我觉得师范院校应当能够办得更好。未来的挑战是非常尖锐的，既然定了高目标，那就要向这些方面去努力，我们的师范院校要加油，我们的教师要加油，我们的学生要更有自信心，我们的教师要更有自信心，要对我们的教师教育制度有信心，知道我们存在的必要性，知道我们对国家未来发展的重要性，知道我们还需要不断改进。我们应该有这种制度的信心、文化的信心，当然，光凭我们自己办不好，要有政府政策的支持，要有社会大的文化氛围支持，只有当教师成为社会上最吸引人的职业的时候，我们师范院校的培养，才能真正地做到最好。现在我们都羡慕芬兰的教育优质而公平，为什么他们的教育做得这么好？其他的我们不说，教师在芬兰是最受欢迎的职业之一，在高考当中，小学教师也是录取率最高的专业之一，所以我觉得我们师范院校需要国家和社会的支持，当然我们自己也要努力。

王晓阳：现在，像清华、北大这样的综合性大学已开始进行教师培养，和您刚才所说的师范院校的综合化是否有更好的互补和推动？

王英杰：从理想上来讲，清华、北大这样的一流大学如果能够进入教师教育领域培养优秀的教师，我觉得是个好事情，有竞争有比较才会有鉴别。实际上，从目前看，哪怕看到未来，我觉得这只是一个理想，不可能实现的。比如，美国斯坦福大学，作为科研、医学等世界一流大学，也培养教师，只是每年才培养不过十几名教师，也许优秀，但是对于整个国家的基础教育到底有多大的贡献，我觉得很难说。北大、清华这样的大学，我倒是觉得能把研究教师教育的问题做得很好，因为他们有更多学科的交叉，而我们师范院校研究教育问题的传统教师大多数都是教育学科出身的，而清华、北大这样的教育研究机构，多数起码本科阶段都不是教育出身的。这样他们就有了新的视角，有了不同的学科视角再去研究教育问题，就能从不同的视角发现新的教育问题、新的解决办法、新的研究范式，我觉得这样他们能做出更大的贡献。

我觉得寒暑假他们可能会举办一些教师的培训、校长的培训，我说得不客气点，那是为了掐尖，为了给自己的生源布局。但是我觉得从理想的状态考虑，能够进来，哪怕培养一点，都有好处，但是我觉得期望不可过高。倒是省属的一些综合性的院校有可能，但总体上来讲，我们在中国，这是我们的特色，师范院校将在很长的时期内存在。既然存在，它（师范院校）都将是教师教育的主体。其他的，即便不是主体，但是有挑战作用、竞争作用和新鲜的思想带入，我觉得都是好事。

6. 您认为当代高等师范教育的未来发展方向是什么？或者说您的展望？

王英杰：展望我觉得我还是比较乐观的，因为社会离不开学校，另外，从我们国家师范教育发展的这段过程来看，我觉得社会越来越重视师范教育的发展，政府的政策也逐步到位。师范院校内部也在不断地讨论这个问题，随着辩论、讨论，我觉得也越来越清晰，起码在北师大，研究型、综合性、世界一流这是共识，对于要不要提教师教育特色，这可能是个问题。教师教育作为北师大的特色，这个是主流，所以我觉得在师范大学内部经过波折、反复、讨论，这一点越来越清晰，既要坚持教师教育特色，又要努力办好研究型、综合性、世界一流的大学，要努力向这个目标前进。从总体上来讲，我还是比较乐观的，但是，发展总是有各种各样的困难，总是有荆棘，就像我们教师这个职业，在社会上是不是越来越得到重视了？我不知道，我不敢断言，但这个必然会反映到师范大学中来，必然会反映到决策当中去。

从师范院校内部来讲呢，一流的学科，比如，我们北京师范大学，除了教育学科和心理学科，中文、历史学科也是一流的，我们的数学、物理、化学也都不错。但学科的总体，在众多一流的大学里，比如说，清华、北大，我们自愧不如，肯定是要差一点的，这是个挑战。培养优秀的教师也好，培养其他领域的优秀人才也好，我们要有更高的目标，要向这些大学看齐,所以在我们的内部,要创造更好的环境,能够吸引进来真正的、一流的人才。一流的人才能够进得来,一流的学生才能够进得来。你为社会做出的贡献越大,才越能得到社会的承认,得到政府政策制定部门的承认,所以我觉得我们师范院校未来的挑战很多。

那么在各种政策的创新方面,师范大学往往是跟着综合大学走(比如,北师大跟着北大、清华走),还有我们能够自主创新的地方,这是我们的不足之处。所以未来还有很多地方值得我们去研究、去学习,向优秀的综合大学学习,同时师范院校之间也要互相学习。就比如,过去我们总觉得首师大和北师大还有相当一段差距,但是现在看来呢,我觉得首师大这些年发展很快,并且在教育领域的研究方面有很多可取的地方。另外特别是教育研究,人大、清华、北大现在都有研究的院所了,这方面很值得我们北师大去学习、去讨论、去交流,在共同的思想碰撞当中使我们的教育研究能够领先一步,这样我们的教师培养才能够保持优势领先。

黄宇红:您怎么看待开放的师范教育体制?现在主要存在这样一个问题,就是现在学生在综合性大学(或者任何一所大学)毕业,去考一个教师资格证,他不需要任何培训,就是考一下教育学或心理学,再去讲一堂示范课,基本上就可以拿到这个证书,那么如何去保证教育的质量,我觉得这是一种非常堪忧的现象,就是我们教师资格证的获得有点过易了。您怎么来看待这个问题?

王英杰:这个我觉得首先还是教师这个职业的专业化问题,也就是说,在一些决策者当中,在社会很多人的认知当中,有一个没有讲出来的、潜在的认知,认为有关中小学教授的某一学科的专家,就能成为一个合格的教师。这恐怕是内在的原因,所以教师资格证才会比较容易考得。试想,一个医生的资格证,不在医学院校学习就能取得吗?可能吗?所以,这本身就是教师这一职业的特殊性。它特殊在哪呢？作为一个医生，他不学医就无法从事医学；作为一个教师，没有经过教师教育的培训，但是学过一个专业，他可以在教师这个行业中去教课，通过实践逐渐成为一个合格的教师，或者是逐渐被淘汰。这是教师这个职业的一个特征，但是这种做法可能是以牺牲中小学学生的利益为代价的，因为它需要一个比较漫长的阶段来适应教师职业的特征，来真正成为一个合格的教师。在这个过程当中，它是以牺牲教育对象（学生）的利益为代价的。所以我认为，教师资格证书需要经过教师教育的培养。那么，综合大学培养教师，我们应当鼓励，应当欢迎，既然鼓励、欢迎，就应当在综合性大学设置相关的课程，或者是通过大学的合作，让有志于做教师的人有时间、有可能在师范院校获取必要的学分，这样才是一个互通有无、真正开放的制度。

那么，当然也应该为那些想从事教师职业的非师范专业的学生（包括师范大学、综合大学的学生）在获得毕业合格证书之后，打开一个获得教师资格证书的通道，这样他们就可以通过各种成人的教育学习相关的课程，通过学习课程参加考试，通过实习（课程中就包括实习）获得实习学分，然后考试获得合格证书，成为合格的入门教师，当然入门之后也要不断学习。我注意到，上海的教师之所以排在全国教师的前列，很重要的一条就是综合教师。第一，有入门教育；第二，他们不断地学习，又不断地、制度化地参加在职培训。因为教师这一职业是一个学习型的职业，只有不断学习，才能成为合格的教师。同时在第一个合格证书获得的时候，应当是一个实习性的证书，而不是一个终身性的证书，过若干年，获得教师证书之后，再去从事若干年的教师职业，才能够获得终身性的证书。这样，才能够使教师这个职业成为一个专业化的职业，而不是社会上任何人（只要有一定的学科知识）都能成为合格教师的职业。我们国家未来基础教育的质量取决于教师职业的专业化。

发挥市场作用，提高师范教育质量
——张楚廷先生访谈实录

周雪敏、王晓阳、吴敏（校订、整理）

访谈时间：2019 年 7 月 28 日

访谈对象：张楚廷，湖南师范大学教授，博导，1937 年 1 月出生于印尼，中国当代教育家、哲学家、思想家、改革家，曾任湖南师范大学校长。

访谈人：黄宇红、周雪敏

1. 您求学期间的师范教育是什么样的？

张楚廷：我当时上大学的时候很穷，我母亲刚刚去世，家境日益贫寒，如果不是师范不要钱，我很难继续读下去。我说的师范教育你们可能有一点难以想象，我读书的时候老师们都非常优秀，优秀到什么地步呢？我举一个例子，当时有一个老师是北京大学毕业的高才生，叫李胜华，他非常厉害，是他把我引向了数学。我们那时候 1955 年上大学，读了一年半的书。后来我们留下以后，李胜华教授给我们开了一些课程，是最靠近现代的数学课程，比如泛函分析。我们被他指引到了数学的前沿，我的数学知识面之所以宽，就是他引导的结果。虽然仅仅读了一年半的书，但是我的数学，一直学到了拓扑学，拓扑学是数学里最高的。我读过很多数学家的著作，所以，我的数学知识还是蛮厉害的。数学当中所有的本科生、硕士生、博士生的课程我都讲得出来，所以我有一个体会，就是在很大程度上，一个人是要靠自学的，但是要有一个好的老师带着，你就会学得更好。即使他在给我们讲课，我也坚持自学，像拓扑学，这些在当时只有20多年历史的前沿学科，我都学了，所以我受到的教育还是很不错的。

我的中学教育也比较好，我在武汉三中念的书，武汉三中有一个国文老师、一个数学老师非常有水平。我记得特别清楚，我的国文老师特别喜欢我的作文，我的作文从小就飘逸，他特别喜欢。数学就是接受逻辑训练，我中学老师几何教得好，所以我逻辑训练很不错。文学高于数学，文学是可以自由飞翔的，数学是逻辑的，其实真正的数学是自由飞翔的，也不完全是逻辑的。我这两个基础打得可以，在大学里又大有发展。有一次我做报告，北京来了不少人听。听完之后，两个北大、清华的教授来到我面前问我，"张校长，你是北大毕业的还是清华毕业的？"我就以"我是这儿土生土长，就是现在这个学校毕业，就是这个学校长大的"来回应他们。意思就是说，北大、清华出人才，北大、清华出100个，我这里出一个，但是我这一个顶北大、清华好多个。后来我培养的第一个研究生，就当了北京大学教育学院的院长，我培养的一个研究生到了人民大学当教科院的院长，我培养的学生也很不错。

黄宇红：所以从您的经历看来，您当时所受的师范教育的水平还是相当高的。

张楚廷：是的，相当高。

2．您是从什么时候开始从事与高等师范教育相关的工作的？

张楚廷：我感觉我没有真正从事过高等师范教育。为什么这么讲呢，因为湖南师范大学，我从来不在乎"师范"这两个字，师范这两个字对我来讲没意义，省内外都知道我不在乎师范两个字，所以不干预我，随我怎么办。要是把师范这两个字去掉就变成湖南大学了，后来我就想把学校的名字改成长沙大学，他们就有人说，这个名字要比湖南大学小了吧，我就举了些例子给他们听：是武汉大学水平高还是湖北大学水平高？是兰州大学水平高还是甘肃大学水平高？是南京大学水平高还是江苏大学水平高？回答都是那个小地方的水平高，在国家层面上水平最高的大学之一就是伯克利，伯克利是一个好小的地方，但它那儿的大学世界一流。

我觉得师范教育迟早要消失，我给你们讲，都是有例子的。比如，在欧洲一些发达国家，它的中小学教师都要博士毕业，它不是师范的。美国如果说高中缺教师了，没关系，它可以进口。所以这个市场的力量，一般人不理解，它是会自己调节的，比如，有人实在想做教师的时候，可以采用"4+1"或者"7+1"，就是说本科毕业后再加一年的教师训练就够了，他在读本科的时候和师范没关系，到了快毕业的时候他想做教师，就去接受教师的职业训练，领取教师证就可以了。所以我很相信市场的力量，市场的力量就是老百姓的力量。

黄宇红：但是有一种观点认为，我们国家人比较多，经济也不是很均衡，我们有很发达的地区，需要这么庞大的一支教师队伍，没有师范教育的话，怎么来保障对教师的庞大需求呢？

张楚廷：我认为需要民间的保证，而不是官方的保证。我们有很多优秀的老师，那时候就到师范院校来了，他冲的不是你师范不师范，他培养人就完了。很多国家的师范教育已经消失了。

黄宇红：现在，国际的总体趋势是从专门的、封闭型的师范教育到开放型的教师教育体系。

张楚廷：对对对，中国这种封闭的师范教育体系，也在逐渐消失。

黄宇红：但是近两年，党的十九大以来，整体的师范教育往回走，例如，要求我们的师范大学50%以上要开设师范专业，国家这个政策又往回走了，以前我们做的综合性比较强，现在又回来了。

张楚廷：比方说我们学校，在我当校长期间，刚开始有16个专业，只有一个专业与师范有关，其余的全没关系。有搞生命科学的、搞理论物理的、搞文学的、搞史学的，与师范都没有什么关系。就只有一个地方有关系，就是教科院。后来就有一个争论，就是师范性与学术性哪个更重要的问题，我当时就认为这个争论是庸人之争，没有水平的人才去争论这些东西，我不争，但是我要用我的行动去回答这种争论。我就自己去从事教育学，这个就是自己对师范的重视了，恰好从事教育学从事得特别好，可以说如鱼得水。后来我又从教育学转向了哲学，教育学转向哲学它有一个必然的逻辑，哲学是在教育的压迫下产生的，这个是在中国古代、古希腊都证明了的，孔子办教育，他是要把智慧传给学生，于是就有了孔子哲学。苏格拉底、柏拉图、亚里士多德他们办学园，都是要把智慧教给学生，是一种哲学。

3. 您在相关工作中做了哪些有重要意义的事情？

张楚廷：我对教育的理解，可以用这么一句话讲，我是时刻研究着，思考着教育。所以这样的话，我对教育的认识就越来越深入。我可以这样讲，做什么就研究什么，同时研究什么就做什么。这两者之间的相互影响很好。我做校长非常有利于我做研究，许多人做校长之后就不研究了，开始做管理了。我在做校长期间一直没有停止过研究，我说我自己是一个研究着的管理者，是管理着的研究者。比方说做校长，我要问校长是什么；面对学生，我要问学生是什么；面对教师，我要问教师是什么。这些问题并不好回答，最终我要问人是什么，所以我写了一本《人论》，《人论》就是回答人是什么的。这个都与我做校长有关，因为在校长这个岗位，我要做一个明明白白的校长。这些问题最重要。

后来我写了本书叫《校长学概论》，1994年在北京师范大学出版社出版。这本书有一个故事，就是当时有一个美国留学的人回国，问国内有没有人写《校长学》，他说美国没有，所以专门跑到长沙来采访我。我是1986年开始做校长，做了8年我就写了本《校长学》。那个时候精力很旺盛，一本书是大部头，30多万字、40多万字的都有。现在写书20多万字了不得了，我看那些外国人写书六七万字的都有，我一般最少的篇幅是十五六万字，我最后的篇幅大概是46万字一本。所以我写书的字数特别多。梁启超写了600万字，钱钟书写了1200万字，加起来1800万字，我是他们两个人总和的两倍，我已经到了3700万字了，再过两三年我会到4000万字，我每年以至少100万字的速度增长。

黄宇红：刚才您提到，在您当校长期间，从事了很多的行政工作，那您在这期间对高等师范教育有什么看法？在这期间您在学校推行了怎样的改革措施？有什么经验教训？因为在您当校长期间湖南师大异军突起，那是什么原因推动了湖南师大这种大踏步的改革和发展？我们想了解一下。

张楚廷：我觉得可以说这么两句话：我坚守了师范性同时又突破了师范性，所以我办得比较好。坚守了师范性就是说，我认为教育学非常重要，甚至我本人走到了教育哲学和高等教育哲学。同时我也超越了，因为当时我的学科水平是相当高的，我在任职期间学科水平非常高。当时评选"211"的时候有这样一个故事，管"211"工作的教育部副部长第一次考察我们学校的时候说，"张院长，湖南的文科重心在你这啊"，我说："当然。"第二次考察了我们的物理系和生物系，他说，"张院长，湖南省的理科重心也在你这啊"，我说："这话你去说比较有说服力。"当时的数、理、化、天、地、生六大基础学科，我们有5个湖南第一，只有化学是湖南大学第一，它有两个院士，后来我挖了一个院士过来，我们并列第一。这样数、理、化、天、地、生六大基础学科我们全都第一，天文学原来四大教授全集中在铁道学院，后来4个教授都跑到我这来了，所以天文学我也是全省第一。他们讲我会挖人，我觉得不是我挖的，是他们跑来的。我当时确实特别会办学，他们都愿意到我手下来工作，我还研究过为什么他们愿意在我的麾下工作，我认为有三个原因：第一，较好的物质待遇。第二，他的学术成果能够受到公正的对待。第三，有一个重视学术、重视教师的校长。我这三个都具备，所以当时好多人都往我这里跑。

黄宇红：所以这是您在学校推行改革的三大政策，我们可以这样理解吗？

张楚廷：我的改革是全方位的。改革的方面有很多，比如说，我的一条改革叫来去自由，当时很多人就认为这个来去自由我们搞不得，只有北大、清华搞得，我认为我们比北大、清华更应该搞，假如你来去不自由的话，别人到你们这里尝试一下的可能性都没有。这一改革实行后，人事处的机关作风完全变了，开始好生为别人服务，原来是别人求他们，现在一搞来去自由，他们开始求别人，一条龙的服务，来的人特别有威信，所以我这些改革都特别成功。

我当时概括了"财从才来"（钱财从人才来），"政从正来"（比较好的政绩从正确的政策来）这两句话。这种概括特别能够武装人，大家一听就能明白，有了钱不一定来人才，但是有了人才必定来钱财。例如，当时北京大学有一个张龙翔先生的生物化学的开门弟子，第一个博士，当时留在北大，我把他挖回来了。当时张龙翔说，地方院校怎么这么重视啊，他就提出一个条件，就是需要合作的时候喊他（该名博士）来，要立即来。我就跟联系人说立即同意。而且我告诉他（该名博士），这个不是北大的要求，应该是我们的要求，因为他完全离开了北大对他不利，他应该经常保持与北大的联系，然后变成我们自身的需要。

4. 那您觉得在您任职校长期间有过哪些教训？比较不成功的地方？

张楚廷：我专门写过一本书，叫《我的失败和不足》，写了几千字就写不下去了，真的不多。其中有一个二级学院党委书记卸任了，（我当时对接他的）工作太简单，有关部门通知他卸任了，这是一个教训。你都没有去跟别人聊聊他做的贡献，谢谢他，就这么简单从事了，后来我补救了。他现在和我特别亲热，当时我卸任，对我那么冷淡，现在对我那么好，觉悟提高了，这是一个教训。但是这种教训不太多。因为我是一个很多人都这样认为的人："校长所做的事，一般当时许多人都不能理解，要等到三五年之后才知道他当年是怎么想的。"就是说我是一个比较有预见、比较有想象力的人，我后来专门写了有关想象力的一段文字，说想象力在管理中有多么的重要。后来我写了一本《管理哲学》，世界上第一本《管理哲学》是一个英国人——查尔顿·汉迪写的。后来有人认为我的这本书没有讲到哲学，但是我的管理一定用到了哲学。

5. 您在工作期间师范教育政策经历了怎样的变化？谈谈相关政策出台的过程和背后原因？

黄宇红：张校长您经历了我国高等师范教育从封闭走向半封闭再走向开放的整个政策发展过程，在这个政策发展过程中，您怎么评价这种变化？因为我觉得不同的先生有不同的评价，我们已经采访过两位先生，一位是顾明远先生，他觉得这中间是有遗憾的，另一位王英杰先生，他的观点和您有点像，觉得必然要走向综合性。那您怎么看待我国政策的这种变动？因为你们实际上是历史的亲历者，甚至有些是政策的制定者或者智库，您怎么看待这个政策的发展变化？

张楚廷：我相信市场的力量，这是一个根本，就是市场需要什么。在我们国家的经济发展中，当你的人才市场需要什么时，自然有一种动力促使你提供。市场的力量是势不可当的，所以我不相信计划经济，教育尤其是在高等教育里面，它的市场性质更明显。教育经济学也有研究，在中小学教育阶段，教育投入的主要受益者是全社会，因此政府应该买单；到了高等教育以后主要是个人受益，因此应该是个人和家长买单。那么一些贫穷的优秀学生呢，国家提供奖学金，它这个性质是很不一样的，所以，我觉得高等教育本来就应该是个人买单，本来就应该市场化或者说是产业化。

黄宇红：那您如何看待师范教育中的免费教育？就像您上学时是免费的，后来20世纪90年代以后就收钱了，但是现在部属院校好像也有所谓免费师范生，您怎样看待师范教育的这种特性呢？

张楚廷：我讲个故事给你听，当年湖南省的省长问我，（当时就开始收费了，20世纪90年代）他问我："你们师范院校收不收费？"我说："清华收3000元，我就收3000元。"他说："那会不会就没有人来读了？"我说："我不相信。如果有贫寒的学生，我会提供助学金奖学金。清华收多少我就收多少。"事实证明，上湖南师范大学的学生一个也没有少，还很踊跃。我当时就是这么做的，这就是哲学。很多人以为少收钱学生就会来，其实多收钱他不会不来，而且你多收钱内部就有了动力——老师收了别人的钱，你得好好教。多方面的影响，一般没有人思考这么周到的，哲学是方方面面都看到。

黄宇红：您当校长是20世纪八九十年代的时候吗？

张楚廷：我最早的时候是做主持工作的副校长，然后第二年我做了党委书记，做了三年党委书记之后呢，我就想做校长，但是我是个副教授啊，我做校长还不够资格，我1986年升了教授以后，我就马上向上面要求做校长，但是上面说校长是二把手，我说我要做二把手，然后上面就把体制一改，改成了校长负责制，我就是一把手了。

6. 您对您当校长时的我国高等师范教育怎么评价？

张楚廷：我觉得不安心于师范教育的人居多。我记得好多人都讲过这样的话："你只要把我'师范'这两个字去掉我跟你一样的水平。"其实我不在意你去不去掉，我自己心目中已经去掉了。我们湖南师范大

36

学六个字，第一可以去掉的是"师范"，第二是"湖南"，只要留下"大学"两个字就够了。所以我写了一本高等教育哲学书就叫作《大学是什么》。

黄宇红：所以在您心中"师范"和"大学"还是有着冲突的？

张楚廷：不冲突，在我这里不冲突。

黄宇红：但是为什么"师范"可以第一个去掉呢？

张楚廷：我事实上去掉但名义上不去掉。名义上现在还叫作湖南师范大学，这个去不掉，但是你可以像综合大学一样办啊，我办的水平很高，而且我还给你们讲一个事实，我们办学校，我们的学习风气特别好，我们这里有两个部属大学：一个中南大学，一个湖南大学，他们就感到很奇怪，一个地方大学、师范大学（指湖南师范大学）为什么学习风气这么好？我告诉他们，"我们学风这么好，你们学不到"。为什么？因为我把这所学校营造成了一个读书的环境，我跟全体师生员工作报告说："我们学校只有一条原则，没有第二条——好好读书、好好教书。"此外没有别的了，任何的理想离开了这个都是空的，将来服务祖国、服务社会都是将来的事。现在就要好好读书、好好教书。所以我把学校的风气弄得特别好，就是这个缘故。我们建立的图书馆是当时湖南省最好的图书馆，得到邵逸夫资助，邵逸夫的捐赠在湖南省高校中就一所，就是湖南师范大学，田家炳在湖南选一所，他也只选我们。所以我们有一个逸夫图书馆、一个田家炳书院，都是以他们的名字命名的。

7. 您认为目前高等师范教育存在哪些问题？

张楚廷：它没有特别存在的问题，学术存在的问题多。

黄宇红：但是有一种普遍趋势，像您刚才说的，师范大学也在追求学术。但是从全国的学术地位也好，社会地位也好，甚至包括学术声誉也好，师范大学整体是在滑坡的。我们不避讳啊，您看对北师大、华东师大来说，他们的整体学术水平跟新中国成立前这些师范大学、综合大学相比，其实也是一种滑坡的状态。地方师范大学也是一种滑坡的状态。所以说师范教育还是存在问题的，当然现在没有很多优秀的、有思想的校长是一个原因，刨除这个原因，还有什么其他比较大的原因？

张楚廷：社会不管学校，学校就办得好，我是怎么办好的，我不让你管，所以我办得好。办好学校的两个条件：第一个是好校长，第二个就是社会上的人管不着大学，没有人比生活在大学里的人更懂大学，当然在大学里的人并非都懂大学，但是要选校长，就要选那些懂大学的人，这个非常重要。清楚大学是什么，我发表的论文、著作以及我的行为都证明了我是懂大学的。

黄宇红：就是说，您认为就目前来说，我们缺乏一些懂得大学之道的校长，或者管理者，我们对大学之道的追求或者说普遍的理念没有贯彻到每个教职员工心中或者教学工作中去。

张楚廷：其实教职员工不一定需要知道大学是什么，他只要知道自己做什么就行了。但是校长必须知道大学是什么。

黄宇红：所以您认为，当代高等师范教育的未来发展还是需要一批懂得大学之道的校长？

张楚廷：这个太重要了，实际上有一个说法就是"一所大学一个校长，一个校长一所大学"。但这有个条件，在中国是这样，在欧洲不是这样的。在欧洲没有任何有名的校长，在美国一把一把的，在中国也不少，像蔡元培、梅贻琦、竺可桢啊，后面还有朱九思啊，等等。就是在中国、美国这样的体制之下，校长是代表教师的，而在欧洲教师是直接对外的，所以在欧洲的高等教育史上，有名的校长一个也没有。

黄宇红：纽曼。

张楚廷：纽曼他是19世纪的人，他不是以当校长著名的，他是以他的理论著名的。他是哲学家，他不是教育家，这个我很准确地知道，美国的赫钦斯是教育家。

8. 您认为当代高等师范教育的未来发展方向是什么？

黄宇红：那您认为，我们未来的高等师范教育，将来是综合化消失掉呢，还是说它会依然独立存在，占有一部分的比例呢？因为现在社会发展也不一样了，我们当今的这个时代本身要走向 AI、走向技术这种全面网络化、国际化的进程，知识获取也会不一样，甚至包括学校存在的价值也可能发生变化，当然这个在 20 世纪八九十年代就有讨论。将来我们的高等师范教育，专门培养教师。不管它将来是存在于综合大学还是师范大学，您觉得它的整体发展方向会走向哪里？

张楚廷：教育部希望通过师范教育来保证师资的需要，但是社会的自我调节能力很强。甚至人也是如此：我占有了知识，我想当教师，我就有了基本的条件；我不想当教师，你也拿我没办法。那就应该要求社会组织得好，教师的待遇不能太低，教师的地位不能太低，这就是社会的问题，社会的问题也是每个人的问题。我觉得人跟社会的关系也是如此，每个人都不要过分抱怨社会，都应该自己努力。我办师范院校的时候我从不抱怨，我自己努力，我的运气也很好，当时省委、省政府和教育部都非常支持我，尽管我经常批评他们，他们还是相信我。

9. 关于尊师重教的问题、国家学术与市场的关系问题，您怎么看？

黄宇红：就像您刚才强调的，我们总是强调尊师重教，但实际上我们国家教师地位并不高，这是非常影响我们师范教育发展的。

张楚廷：你这个话有片面性，我觉得中华人民共和国成立以后，尊师重教在民间没有变化，中华优秀传统文化的力量是无穷的，普通的老百姓都知道尊师重教，就连我们最轻视教育的时候，老百姓也并不轻视。

黄宇红：那我们尊师重教缺在哪呢？因为现在出现了一个悖论：大家都说尊师重教，但是就是不愿意送孩子去当教师；都希望自己的孩子有一个好老师，但是都不愿意让自己的孩子去读师范院校，做一个中学老师。这个悖论怎么解释呢?

张楚廷:这个不是悖论,是自然的,其实没有关系。我觉得这是社会自觉运行的一种规则,就是当人们都不愿意去做教师的时候,社会就会努力把教师地位、待遇提高,提高之后就有人愿意去做了。它是社会自己调节的,其实当官方少介入的时候,社会的自我调节能力是非常强的,我很相信民间的力量。

10. 您认为在您担任校长期间和目前对教师素质的要求有什么异同?

张楚廷:这个问题我非常清楚,就是改革开放之后,第一个阶段就是迅速吸收知识,因为曾经经历了一个"知识荒";后来很快意识到光有知识不行,要有能力,就过渡到要重视能力;有了能力又觉得还不够,能力是一种素质,但素质不只是能力,所以就提出了素质教育。后来建立了素质教育指导委员会,素质教育指导委员会有5个副主任:北京大学1个、清华大学1个、武汉大学1个、四川大学1个,还有1个就是我。主任就是华中科技大学的杨叔子。素质教育搞了一届以后要换届,那些委员都要求把我的副主任免掉,不让我当副主任,后来杨叔子说"不能免",他们免我的理由是"张校长不来开会",但是杨叔子说,"张校长不来开会,也得是副主任",你们知道是为什么吗?因为他的主要理论工作全是我做的。我的第一本书《大学人文精神构架》就为素质教育提供了理论依据,五年之后我又写了一本书叫作《素质:中国教育的沉思》。这两本书,所有从事素质教育的人都读。

黄宇红:最近师范院校都在搞师范院校认证,您怎么看待这个问题?

张楚廷:越少管越好,从少管到不管更好,这是哲学。我的观点是,哲学有一个重要的原理:不管在管理中。真正高明的管理者由管到少管,最后达到不管,这就是高明的校长。我学校里面很多事情是不需要我管的,我在湖南师范大学当了18年的主要负责人,我从来不管人事,也从来不管财务,一分钱都不管。这些都有人管,你管什么?一个好的管理者要善于授权,授了权,权力是他的,犯了错,责任是我的。我团队的人都非常负责,因为你对他高度的信任,他很负责任,也明白搞错了张校长会出来担责。

张楚廷:我考你们一个问题,为什么大学要有寒暑假?

黄宇红:因为要让思想自由,可以不受工作的束缚,去研究自己感兴趣的东西。

张楚廷:那为什么工厂没有寒暑假?

黄宇红:因为工厂从事的是简单的体力劳动,你只需要跟着别人做事情就可以。

张楚廷:为什么商业家也不要(寒暑假)?

黄宇红:因为他的创新不是知识层面的。

张楚廷:很多人都说,教师好过,寒假放1个月、暑假放3个月,一年的1/3都放掉了。我有一个老师是北大的高才生,他说"会放假的校长是最好的校长",这个道理是很深刻的。实际上,他不是在放假,而是让你去充电,让你去做学术交流,让你去全世界考察,所以大学会有假期。科学知识在不断发展,你要想跟得上,就要不断充电、休整、研究。有时候我们下学期要教的数学,所有习题我们要重新做一遍的,都是假期来做。实际上寒暑假是让你去干这个事情的。还有学术旅游,去别的地方看一看,都是利用假期。

黄宇红:感谢您接受我们的访谈!

师范教育的历史回顾与现实思考

——杨德广先生访谈实录

谷琳、王雅萍、吴敏（校订、整理）

访谈时间：2019 年 9 月 6 日

访谈对象：杨德广，上海师范大学教授，博导，原上海大学校长、新上海大学常务副校长、上海师范大学校长、全国高等教育学研究会理事长等。现任中国民办教育研究院副院长，兼任中国高等教育学会副会长、中国民办教育协会常务理事、上海市高等教育学会常务副会长、全国高等教育管理研究会顾问、全国高等教育学专业委员会顾问、上海震旦职业学院专家咨询委员会主任。

访谈人：王晓阳、黄宇红、王天晓

王晓阳：杨校长您好，非常感谢您接受我们的访谈。首先，请您谈谈在您求学期间，那个时候的师范教育是什么样的状况？

杨德广：我记得我小学的时候在农村，两个小学教师就是师范学校毕业的，很年轻，比我们大不了几岁，他们的教学水平很高，不仅教学质量高，还经常带我们做活动。我知道他们是南京晓庄师范学校毕业的，毕业后就做小学教师，他们的素质和能力都非常高。20 世纪 50 年代我就感到师范教育很有必要，经过专门培养的教师水平的确高，所以我印象比较深。后来进了中学，教师多数是大学毕业的，有南京大学、南京师范学院毕业的。我上中学是在南京九中，老师是南京师范学院的毕业生，我就感到老师水平很高，特别是我的语文老师——朱小蔓的妈妈，她好像也是南京师范学院毕业的，教学水平很高，口才也很好。那时我一直非常崇拜教师，特别是师范院校出来的教师，教学质量确实很不错，所以我认为师范教育对教师的培养是非常重要的。

王晓阳：那么您是从什么时候开始从事和高等师范教育相关的工作的？

杨德广：我毕业于华东师大，毕业后就留在华东师大工作，就和教师以及师范教育接触了。我在华东师范大学学的不是师范教育专业，学的是海洋水文气象专业，属于非师范。学校里面也有很多师范专业的学生，所以接触得就比较多。从华东师大毕业以后我就留在学校，从事教育和管理工作，也是和师范接触的。"文化大革命"以后我又回到华东师大，又和师范教育接触了。工作两年后，我到高教局工作，做学生处的处长，就是主管全市的毕业生分配工作，当时全市的毕业生分配，都是由我们统一管理，那时对师范生以及师范毕业生的工作安排问题接触得比较多。当时上海师范学院在上海的地位很高，很多中小学都来要上海师范学院的毕业生。要华东师范大学的毕业生，这是20世纪80年代以后的事情了。

王晓阳：那您在相关工作中经历了哪些有重大意义的事件呢？特别是改革开放以后，工作当中经历了哪些和高等师范教育相关的、有重大意义的事件呢？

杨德广：我是从华东师大到高教局，然后1996年又到上海师大。到上海师大以后，当时社会上有一种舆论认为师范院校可以取消，不需要专门的师范院校了，而且有的人看国外的资料，认为国外的师范教育就逐渐消失了。美国在1984年以后，师范院校就很少了，综合大学办教育学院，由教育学院培养教师，那么我们中国要不要取消师范学校？我认为不能取消师范学校。当时我们开了研讨会，做了调查研究，我写了一些文章。我的观点是这样的：教师来源可以多样化，但师范院校不能取消。所谓多样化，就是综合大学以及名牌大学可以培养教师，办教育学院或者从研究生开始都是可以的，这样有利于我们教师水平的提高以及教师培育层次的提高，也有利于竞争。师范院校一家培养不利于竞争，不利于质量的提高，所以，如果由综合大学来培养教师易于形成竞争机制，这对于我们教育质量提高很有好处。所以我赞成综合性大学培养教师或者办教育学院，但是第二个观点是师范院校不能取消。

从我们国家的国情来说，我们需要大量的教师，而且应该专门化培养。总的来说我们教师地位还不是很高，从我们国家的国情考虑，教师需求量很大，而且在人们没有很普遍认可师范教育的时候就将其取消，这样太仓促了对教师教育会产生严重影响。师范教育还要发展，不仅要发展，还要进一步扩大，而且要进一步提高质量，加强师范教育建设。所以我当时主张不能取消师范院校。后来国家从整个形势考虑，包括上海师范院校没有取消，不仅没有取消，还有所加强，结构调整是有的。

王晓阳：这和顾明远先生的观点非常一致。您在工作期间，国家师范教育的政策经历了怎样的变化呢？政策出台后，当时是什么情况您了解吗？

杨德广：政策大的变化，就是取消了伙食补贴。本来师范院校是全免费的，20世纪90年代以后，就逐步取消了，师范院校的学生也要收费了，这个变化挺大的，但是收费以后也没有感到对师范院校有多大的影响。什么原因呢？因为人们的生活水平提高了，学校里面每个月一二十元的补贴可能对他们也不是很重要的一个问题了。另外那时报考师范的人还是蛮多的，愿意当教师的人也蛮多的。师范从义务教育到收费教育，家庭经济困难的人可能就不太愿意进师范了，这是一个变化。后来国家又有个变化，就是专门招收一部分免费师范生。由于意识到了西部地区、贫困地区的教师来源问题，那时候已取消了计划分配，学生自己到市场供需见面，很少有人愿意到西部地区去，西部地区的教师不容易落实，所以我认为教育部采取这个措施是正确的，就是免费师范生。

免费师范生实际上是有定向的，比如说，你毕业以后几年要到西部地区，这也是一个重大的政策变化，我认为是有必要的，确保了我们西部地区的教师来源。上海师大张民选教授当校长以后，建了个世承班，就是以我们第一任校长名字命名的，是培养拔尖人才的，作为教育家的摇篮，我认为这也是一个重大的变化。这个世承班，提前招生，把最优秀的学生集中起来培养优秀教师，我认为这个政策也很好。这对我们教师队伍水平的提高和优秀人才的培养起了很大的作用。

王晓阳：那也属于免费师范生的范畴，生源也比较好吧？

杨德广：我们这个世承班就是免费师范生，另外还有很多政策，比如，这里面研究生的名额可以增加一点、有出国留学的机会等，就是采取多种多样的措施，让他们毕业以后能够到一些比较好的学校去做骨干教师甚至是校长队伍的接班人，这是有眼光的。

王晓阳：高等师范教育政策变迁有一个很重大的变化，就是中师的取消，您对这个问题怎么看？

杨德广：这是我们经历过的，本来是有中师的，最早的时候小学毕业就可以报师范，师范学校毕业教小学，然后初中毕业可以报师范学校或者师专做初中教师，甚至也有高中教师。过去叫三级教育，有中专、大专、大学三级，后来教育部就改为两级了，像上海基本上就是一级，多数是一级到两级。本来上海有很多师范学校，有很多是很有名的，后来师范学校在20世纪90年代初就并到师专，只剩下上海师范专科学校一所了。上海师范专科学校的知名度是很高的，它是全国最早的一批培养小学教师的学校，1998年并到上海师大，幼儿师范学校并到华东师大教育学院。

师范专科学校并到我们上海师大的时候还有一番争论，有一些人不理解，怎么把专科并到我们这里来了，好像降低了我们上海师大的层次。我说你理解错了，上海师范专科学校知名度比我们上海师大知名度高，它在全国知名度高，它进来不是降低层次，是我们高了一个层次，所以这样就并过来了，之后就逐步全部变成本科了。幼师并到华东师大也变成本科了，我认为这个调整很好，对提升教师的层次和地位很有好处。特别就上海来说，上海经济发展了，一流的经济没有一流的教育怎么行，一流的教育没有一流的教师怎么行？整个社会经济发展迫切需要教育的发展和教师队伍层次的提高。把专科变成本科，把三级变成两级，把两级变成一级，我认为是大势所趋。这个战略非常好，对我们教师质量的提高起了很大的作用。

王晓阳：您在当校长期间，在学校里采取了哪些改革措施，有什么经验教训？

杨德广：我到了上海师大以后，就主要搞师范教育，培养人才。把过去上海师大做的一些工作熟悉了一下，特别是我们王校长在任的时候，他做了很多调查，对基础教育做了很多调查。我看了以后很受启发，我也到一些学校去做一些调查，认识到了师范教育的重要性和教师的重要性，以及社会发展的需要对教师队伍提高的重要性。我感触很深的是，怎样在培养人上面下功夫，怎样在用人上面下功夫。教师不仅业务要好，思想道德水准、责任心和事业心也要好，这点很重要。我专门写过一篇文章，对此做了系统的分析。面对这个情况怎么办？既然到上海师大来当校长了，就要立足于提高教师的水平和质量，我当时就采取了一些措施。我当校长时，就喜欢经常到学生宿舍去看看，我第一次看时就大吃一惊。我去了11个学生寝室，9个寝室在打扑克，2个寝室在聊天。我说你们怎么那么空闲啊？他们也不知道我是谁，但知道我是老师，因为我带着学生处的老师一起去看他们，他们告诉我当天下午是业务学习没有作业，所以很放松。到了下一个月，我仍然去看了几个寝室，只有一个寝室在看书。我到图书馆去转了转，考试之前学生在排队拿着别人的笔记本，复印来应对考试，当时我就感到学生比较松散。

20世纪90年代我写过一篇文章，关于怎么样改变学生松散的状态，提出中小学生要减负，大学生要增负。我提出一个理论叫充实教育，充实学生的教学内容，充实学生的课余生活，充实学生的精神生活。我又提了几个改革，包括多张证书制、半年实习制、综合测评制等，课程改革要减少必修课、增加选修课、加强实践课、开设辅修课。我认为师范院校要"一本一专多能"才能适应社会的发展。

另外，我们在学生育人上下功夫，提出了文明学生，是在全国搞得比较早的，这个不是我的功劳，是蒋威宜副校长、副书记开始抓的，我来了以后坚决支持。每天都有学生清扫校园，早、中、晚三次轮流。清扫校园看似是小事情，实际上是锻炼他们的劳动品质，培养他们的环保观念，培养他们团结合作的精神。我们坚持了好多年，很有效果。有一次史宁中校长到我们学校来评估，他们评估组的专家看到我们上海师大的学生手上拿了个塑料袋，心想学生在读外语拿塑料袋干什么，原来是学生看到马路上有什么垃圾就把它捡起来，已经养成这种习惯了。这是从台湾东海大学学来的，他们每天中午让学生进来劳动、打扫卫生，这给我们启发很大，所以我们就发起文明学生活动，对学生的整体素质提高起了很大的作用。

另外，我发现学生上课积极性不高，有的是动力不足，但也有的是我们教学质量的问题。有的一方面不愿意听我们的课，另一方面在外面花钱补课，学外语和计算机，说明并不是所有人不要学，他们要学习，但是我们需要进行教学改革。我提出减少必修课，增加选修课，开设大量学生喜欢上的课，这样一来学生的积极性就被调动了起来。比如，我们的"多张证书制"鼓励学生获得多张证书，鼓励学生去考证，有的学校反对考证，但我主张考证，因为针对有的学生学习积极性不高的情况，考证也能促进他学习。像我们师范院校的学生，尽早把数学、物理、外语的教师资格证书拿到，这是很好的。

另外还有激励机制，激励学生的学习积极性，所以人家老师很奇怪，上海师大怎么允许学生考到其他学校去？学生一年级的时候可以再考到其他学校，我允许我们学校的学生再考到交通大学、复旦大学、华东师大等，那时候上海政策蛮好的，就是重点学校从在校的一年级学生里面再招一次，但是很多学校不愿意放人。我鼓励学生去考，我们每年都有几十个学生考到复旦大学、交通大学和华东师大。这对我们招生有利，即使学生考试失败了，也还有一次在上海师大好好学习的机会，这对激励在校生有作用，也对培养人才有作用。我认为我们培养人才不是为某一个学校培养，不是为我们上海师大培养，而是为整个上海、为国家培养。如果学生认为上海师大不太适合他，所学专业不太适合他，他有能力到他喜欢的专业和学校去学习不是更好吗？有一次，电视台采访我，问我为什么同意学生考到其他学校去，我说我们是为国家培养人才，要把他们放到最适合的地方去，这点对提高学生的积极性是有作用的。

另外我允许在校生转专业。一锤定音是不行的，学生可能一时失误报考了这个专业，后来经过自己的实践，一年以后感到不喜欢这个专业，这样是学不好的。热爱是最好的老师，不热爱怎么学得好呢？所以我们一年级以后选拔一次，有些学生对专业确实另有所爱，又能拿出证明对那个专业很热爱的东西，每年有上百个学生都转到其他专业去，这就调动了学生的积极性。我认为教学改革需要与时俱进，我们还有其他的改革，要不断进行教学改革，激励学生的学习积极性，这样才能提高我们的教学质量。

王晓阳：这些措施您确实以学生为中心，都是为了学生的选择权，我觉得转专业在各高校里有种种限制，主要还是以教师为本的限制。

杨德广：是的。老师担心这个专业的学生没有了，开的课没人来上了，这怎么办呢？我认为这就不是以学生为本，真正以学生为本应该考虑学生的需求。我们老师出国都是有规定任务的，就是必须能开两门课回来，这是根据学校的发展和学生的需要，因为老师学的东西有些已经老化了。有的老师学习的积极性很高，他可以上新课，但有的上不了，通过到国内进修或国外进修来满足学校的发展和学生的需要，这就要以学生为本、以学生为中心，不能以教师为中心。根据学生的需要，我认为学生应该有选择权、自主权，这样学生才能学得更好。这个改革应该说还是比较成功的，对调动学生积极性是有好处的。

王晓阳：现在维持下来了吗？

杨德广：现在有一个没有维持下来，上海市重点高校有好几个学校不招了。

王晓阳：刚刚说的学生选择，如果是师范类专业，比如，学生选会计、金融专业，会有这种情况吗？

杨德广：这也有人要求的，但基本上流动性不大。非师范的有转到我们师范的，确实对师范很喜欢。所以这里我有个观点，我认为目前师范面临的最大问题是生源的问题，怎么样让优质的生源进来，我看很多人写文章这方面涉及的不多，而且措施不力。前几天我专门给上海师大提过一个很系统的建议，关于怎么吸引优秀的人才到我们师范来。首先理论上，家长和学生本人要认识到一个国家要强盛靠什么——靠学校。习近平总书记提出，教育是国之大计、党之大计。教育发展靠教师，办好一个学校最根本的是教师，如果教师的素质不高，水平不高，或者境界不高，怎么能够把教育搞好？我的观点是应该让优秀的人才到教师队伍里来。

但现在的情况是最优秀的人不一定来当教师,虽然教师里面优秀的人才也有不少。所以这个事情应该怎么做？现在有提前招生,有各种夏令营,那么人家能做,我们为什么不能做？华东师大、首师大、上海师大也可以搞冬令营、夏令营,吸引那些优秀的青少年参加我们的这种活动。现在都是北大、清华、复旦搞得热火朝天,我们师范院校也要营造这个氛围,也可以提前搞好活动,从中发现一些人才,这是一条途径。还有一条途径,我上次建议至少在我们上海师大,师范生招进来了,一年以后允许流动。师范生如果不愿意学师范,可以在校内流动;其他院校、其他的系如果有人愿意当老师了,那时候还不好流动,因为分数不一样,进师范分数高一点,我认为确实喜欢师范的,再转过来。招进来以后,首先在本校,比如,首师大在全校发个通知,师范专业将进行再次招生,那么招二三十人也好,能够招五六十人更好,经过考核把优秀的学生招进来,我估计有一批优秀学生愿意报名,这样师范质量就提高了。再如,上海师大或者华东师大师范专业可以向复旦、交大、上海大学等发布招生广告,喜欢做教师的肯定有人报名,这样又可以吸收一批优秀的人才。我认为要搞两次招生,这样会对我们师范院校的教师队伍水平有很大提高。

我们师范院校,例如,上海师大、首师大还有华东师大可以招一些在职的特级教师、优秀教师进行研究生学习,这对提高教师队伍水平很有好处。可以采取特殊培养政策,把一些特级教师集中起来,进行强化训练。我认为教师队伍的提高要采取多种措施,另外,专业硕士、专业博士也很需要。

师范生的质量提高是最重要的问题,除了正常的招生以外,必须要多样化、多层次。把一些高校的、社会上的骨干力量都吸纳进来,这样教师的素质就能提高了。这点我认为教育部及各个省市胆子要大一点,要有一点突破,要采取突出措施培养我们优秀的教师,我认为措施跟上去以后，还是有希望的，还是有很多优秀的人愿意当教师的。有的人在社会上工作了一段时间以后，也愿意当教师，我认为准入制度也可以放宽一点，对教师队伍建设从来源上加大力度，这是一个要解决的问题。还有一个问题是从内部来说，教育类的课程要加强。我在上海师大的时候做过一次调查，我们的学生毕业以后到中学里对课程不熟悉，这说明我们教育类专业的课程太少，我认为要加大教育类的内容，至少应该在20%。比如，教物理的老师，因为大学专业教育基本上确定了，所以教物理的老师对小学、初中、高中物理都应该熟悉，如果不熟悉，怎么能够当好物理老师？

现在我们对学术性很重视，但是师范性不够。那时在华东师大争论师范性、学术性，有的认为我们中国的大学要重视学术性，学术水平不高，怎么能够做好教师呢？给学生一杯水，你要有一桶水、一缸水。但师范毕竟是专业教育，如果专业上面不熟悉、造诣不深，怎么能够胜任？我主张教育学的资料应该所有的教材都有，方便教师随时查阅，因为我们师范教育要体现师范性，师范性方面要加强。这样才能提高教育质量，教师的适应性才能增强，否则到了中学里面还要让教师重新学习，就会影响教育质量的提高。

王晓阳：您当校长的时候，我国高等师范教育总体的发展状况是怎样的？

杨德广：高等师范教育基本上能够满足我们的中小学教育，应该说发挥了很大的作用，包括一些条件艰苦的地区也能将中小学教育维持下来，所以我们师范教育功不可没。而且从教育部到各个省市都非常重视师范教育，也采取了一些政策，比如，我们上海师大提前录取这点就很好，可以争取到优质生源，在经费方面也有足够的支持。特别是现在上海对教师培训的力度也很大，而且全部是免费的，三个月全部免费。我在当校长的时候，中小学教师的整体素质不够，大学教师也缺乏，曾经有一段断层，这几年也重视起来了。中小学教育基本能满足现状，但是教师育人的水平、教学水平还有待提高。一方面是高素质、高水平的生源还不够，另一方面，我们的理念、学校的改革力度还跟不上。特别是京津沪和广东这些地区人们的生活水平提高了，人民群众需要高质量的教育。我们的主要矛盾在教育上体现为供需的不平衡，所以在教师水平方面我认为还需要加强。

高等学校的教师来源也是一个问题，就是怎样有意识地培养一些高校的教师，我认为这方面的战略规划还要加强，这样整个高校的教师队伍才能进一步提高。

王晓阳：您刚才谈到中小学的教师素质，那么上海的民办中小学和公办中小学，现在是什么样的竞争态势？

杨德广：20世纪八九十年代上海每个区都建了一两所重点高中，向全市开放，公办高中的优质资源比较丰富。相对来说民办的高中质量就不太理想，所以报民办高中的不多，到了高中阶段都要考公办学校。当时上海小学和初中的民办学校水平比较高，家庭条件好一点的，希望能够到民办小学、民办初中去读书。为什么会有那么大的差距呢？原因之一是过去六年一贯制的时候，重视高中，对初中不太重视。民办学校为什么比公办学校好？首先它的选拔范围广，民办学校待遇比较好、比较灵活，公办学校受限制，优秀的校长、优秀的教师容易被吸引到民办学校去。民办学校的负担也重，作业也多，相对来说分数就高些，学生被重点高中录取的概率就高，家长就去报民办学校了。民办小学的学生每天比公办小学的学生做功课的时间要多，但是我认为这是不科学的，对学生的健康发展不利，所以这个问题要从根本上解决。我在《教育学刊》上发表了一篇文章，对于学生负担重的原因，我专门做了一些调查，并将矛头指向培训班，就像剧场效应一样，最后还是管理的问题。有些民办学校，违反了教学大纲，教材超前，教学内容超前，考试内容超前，那么后面的人就要跟上去。我认为改革就是要从 ABC 教起，从 1234 教起，要从最低起点开始，所以这个问题是一个系统工程，要采取根本措施。

王晓阳：您认为当前我们的高等师范教育还存在哪些问题？

杨德广：当前的高等师范教育，还是两大问题。首先就是招生生源，怎么样确保优秀的人才能够报考我们师范院校，我认为要从理念上、深层次上提高教师地位。教师地位总的来说在逐步提高，但还是不够。刚刚讲的招生的多层次、多方面，我认为专业硕士不要过多招应届毕业生，应届毕业生就去报考学术型的，专业硕士招在职的教师，而且要有三年以上工作经历的或者达到中级职称以上的，或者评上骨干教师、优秀教师的，学习完后授予文凭。对于特级教师或优秀教师，如果已有硕士学位的就继续进行专业博士学习，这样我们教师队伍才能提高，才能吸引优秀的人才进来，我认为这方面力度还要加大一点。这个问题如果不突破，对于教师的发展以及研究生的发展都不利。其次要从更高层次提高教师的地位，对教师的舆论宣传要加大力度，让大家看到教育的重要性和教师队伍建设的重要性，然后吸引优秀的人才进来。

从高校内部来说，教学内容、知识点、知识结构，我认为都要认真的研究，这样毕业以后才能够胜任教师的工作，在德、智、体各个方面都能胜任内部改革。内部改革，包括综合大学怎么培养教师，例如，北大、清华都有研究院，我认为应该在教师培养方面，对于愿意当教师的人要给他提供更多教育方面内容的学习机会。

王晓阳：您对高等师范教育未来的发展方向，有什么样的展望、预测？

杨德广：高等师范的发展方向我是看好的，因为随着国家形势的发展、社会经济的发展，人民群众对教育的需求、对教师的需求越来越高了，所以我认为高等师范发展前景很好。目前师范院校招生的规模还在逐步扩大，国家的投入、国家的重视程度也在提高，包括设备、重点课题、实验室的建设，师范院校也都发展得很好，总的来说我认为形势还是比较好的。所以师范院校还是要发展，不能取消，包括改名也要慎重一点，还是应该突出我们的师范教育。另外综合性大学发展一些教师教育方面的教学内容，这也是可以的。在高等师范教育布点方面，我认为还应该更加合理一些。现在东部地区比较多一点，西部地区、中部地区的高等师范院校的布局，我认为应当加强。教育部也采取了措施，我认为要加大力度，支持西部地区师范的资源，或者让他们来进修，或者我们派人去。过去有过这种做法，但还应加大这方面的规划力度，让这方面的覆盖面再宽一点，帮助西部地区，要把西部地区的师范教育扶持好，东部地区、发达地区有这个责任，这样师范教育才能够普遍开发，结构上也能更加合理。

黄宇红：我们访谈了一些学者，大家对于师范教育的发展到底是由市场决定、政府主导还是学术本身主导，看法不是很一致，当然大家都认为肯定是综合的，但侧重点不太一样，您觉得呢？

杨德广：我认为我们国家政府主导不可缺少，相当一段时间政府要主导。比如，重点大学从我们学校二次招生，就需要政府发文。包括教师队伍的建设、发展经费的投入、整个布局的规划、招生的人数等，都需要政府指导。这方面政府不包办代替，但是政府的宏观指导是必须要有的，包括政府加大资金的投入、设备的投入，这都是政府主导。比如，东北师大的 UGS，就是地方政府高校和中小学结合起来培养教师。师范教育要发展，把高等师范教育扶持起来，这是功德无量的事情。经济的发展、人才的培养是千秋万代的事情，我们对此要有高度的认识。习近平总书记讲得非常好，"只有培养出一流人才的高校，才能够成为世界一流大学"。一流人才的培养，离不开师范院校，离不开教师，所以教师队伍建设要加强，要提高认识，要加大力度。

王晓阳：您当校长期间，采取了一些发展教育的措施，如面向市场，改善教师的待遇、住房等。我觉得从高校角度来讲，也不能太依赖政府，政府应该发挥宏观调控作用。

杨德广：我们要依靠政府去发挥政府的作用，但是高校要主动面向市场，招商的作用是适应市场的需要。我在20世纪90年代发表了一系列文章，高等学校要走进市场才能走出困境，我主张高等学校要发展教育市场、教育产业，但是我反对产业化，反对市场化。不发展教育产业怎么行呢？比如，20世纪90年代，我们上海师大的教师住房问题解决了，教师待遇也比较好，这就是发展教育产业。例如，当时很大的一个市场，就是教师培训，这个教委也很支持，我们就办教师能力培训班，社会效益很好，经济效益也好。我们既为社会服务，学校也发展了，正如刚才所讲的教育要依靠政府，但是我们不能完全依赖政府。

所以我有个观点，我说大学校长要找市长，更要找市场。通过市场机制等7个措施，我们3年把新校区开发建设起来。要主动走进市场、走向社会，积极发展教育产业、教育市场，这对教育事业发展有利。大学脱离社会怎么行呢？教育史上一直有两个争论：社会本位和个人本位。社会本位的人认为教育必须为社会服务，个人本位的人认为教育就是培养人的，教育不应为政治和经济服务，两种观点对立。我认为两方面都很重要。一方面教育为人发展，另一方面教育为社会发展，都不可缺少，所以我当校长的时候，从这两方面把握，我们要为社会发展培养应用型的人才。

王晓阳：教育实习对师范生是非常重要的，我想了解一下咱们上海师大在教育实习方面有什么比较好的措施？

杨德广：教育实习是我们改革的一个重大措施，叫半年实习制。我来的时候上海师大4年时间只有8周实习。所以就提出半年实习制，当时有人反对。我说在国外1年最少要实习1个学期，经过实习才能当老师，我们实习8周怎么当老师呢？而且我主张顶班实习，把中小学教师换出来，让他们出来培训，连续一个学期或三四个月，这对于学生的锻炼很大，我们在几百所中小学都有实习基地。包括非师范专业，我主张一个专业至少和两个用人单位挂上钩。师范院校更要和中小学挂钩，另外对口的很多小学、中学、高中，包括民办学校都要去实习。开始实行半年实习制也是有争论的，有人认为我到上海师大以后，把上海师大从本科变成专科了，因为我主张减少必修课，增加选修课。本科课程学时达到2500，负担太重了，所以我就主张文科课程学时减少到2100，理科减少到1800，让学生去选修，参加学校的一些活动。当时阻力很大，但是做了工作以后大家都能接受。

王晓阳：谢谢您接受我们的访谈！

改造我们的师范教育，真正落实职前职后一体化

——史宁中先生访谈实录

王天晓、毕光雨（校订、整理）

访谈时间：2019 年 8 月

访谈对象：史宁中，教授，博导，东北师范大学原校长。

访谈人：王晓阳、王天晓等

王晓阳：尊敬的史校长，您好，非常感谢您接受我们关于高等师范教育的访谈。首先我想请您介绍一下您上大学期间，师范教育的情况是怎么样的。

史宁中：我是工农兵学员，1972 年上的大学，那个时候对大学的性质分得不是很清楚，因为那个时候是从哪来，再回到哪个地方去。在教学的过程中也没有教育学课程，那个时候经常是到农村去，到工厂去，所以那个时候没有太严格区分这个事情。

王晓阳：那您是上的师大吗？您是什么时候开始从事与高等师范教育相关的工作？

史宁中：对，就是东北师大，那个时候叫吉林师范大学。1982 年，我到国外念书了，拿了博士学位，后来回国。回国之后，当时跟师范也没有太大关系，我是学数学和统计的，一直在做和本专业相关的事情。

我是在日本九州大学念书，后来当了副校长。我回国是1989年，到1992—1993年就开始当副院长。那个时候我管教学，才开始考虑师范的课程调整这些事情。我真正关心师范教育是从1998年，当东北师范大学校长之后才开始。

王晓阳：我知道您当了14年校长，是相当长时间的。那么在您的工作中，经历了哪些有重大意义的师范教育改革发展的事件？

史宁中：那个时候变化很大，1998年大学扩招，还有并校在内连续发生了几件大事情。无论如何，大学扩招都是非常必要的，我记得在1998年的时候，咱们国家每年大学生只招100万人左右，到1999年一下子就扩招40%。到了今年（2019年）预计招生800多万人，扩招力度相当大，因此有相当多的人接受了大学的教育。所以趁着大学扩招这件事情，我重新规划了学校的发展。我们预设有60个专业，每个专业一年招60个学生，一年招4000人左右。所以本科在校生是14000人，研究生是10000人，总共是24000人。现在我们学校还是按照1998年的设计，一直这么平稳地过下来，但是影响最大的就是教师不够。因为我在国外时间比较长，我念完书又到国外教过书，我就总希望我们的大学教授能到学校来办公。那个时候主要都在加班，所以每一名教授，我要给一个办公室，副教授两人一个办公室，这么一算，就差得太大了。后来我们就建了一个新校区，新校区比老校区还大。建新校区就解决了教师办公的事情，还要解决学生住宿、食堂、图书馆的事情，这一系列的事情我们学校都做得比较早。我1998年当校长，1998年年底到1999年开始扩招。我们1999年年底就开始建新校区，到2003年就建完了，那个时候花费代价不是很大。扩招之后还带来一个很大的问题，就是要扩招哪些专业。我们学校大部分专业跟师范关系很密切，但我总认为当老师得有点艺术修养，所以我们扩充了很多艺术专业，扩充了一些提高人文素养的专业，还有一些高科技的专业，如材料科学、生物科学等。

这样的话，整个专业的布局要重新考虑，还要重新调整怎么上课的问题。过去中国大学上课是按小时算的，但是要真正让学生能够选课，就得按学分算，所以我们实施了一种叫作学分制的办法。过去我们学校上那些课，我一折算大概是200个学分，那就太多了。后来降到160个或者140个学分，就是基础课不能太多，但一定要上得非常精，然后增加选择方向，要把课程设计好，按照新的大学培养的模式，让学生来选择他要发展的方向。

当时因为大学扩招，很多师范大学又向综合性大学看齐，但是东北师范大学没有这样。因为我当时想：老师是一个很好的职业，我们东北师范大学能够培养很好的老师，他们能到中学就业，我就觉得是一件很好的事情。所以东北师范大学那时候就高举为基础教育服务的旗帜，这个真有好处。后来我们学生大部分都到中学就业，我们这些学生在基础教育方面表现得很好，之后基础教育就愿意要我们的毕业生。这样一来，就业好就带动了招生。所以我们后来招生的分数越来越高，招了一批好学生，就走向了良性循环。

因此学校要培养什么样的人，培养后去哪，这个必须想得很清楚，并根据这个来设计课程。其实这里最大的问题是实习。当老师在某种程度上不是教出来的，是孩子们自己悟出来的，你必须给他一个悟的机会。过去东北师范大学实习时，一个学生只能讲3~4节课，后来我说这样不行，一个学生最少得讲20节课。我说讲3节课、4节课，连学生都不敢看，就连与学生最基本交流都达不成，怎么能教好书呢？后来他们跟我说中小学不让实习，我说你光是求人家，你不给人家干事，人家肯定不让。

后来，我们就想了一个模式，因为在中国我们大学跟政府的力量是很强的，我们跟政府和中小学一起来办学校，安排学生实习。所以我们跟东三省，以及后来跟内蒙古教育厅签约安排我们实习。后来教育厅又找了县，我们又跟大概30个县政府签约，条件是我们学生去实习的时候，他们的老师可以免费到东北师范大学培训。而且我们生物比较强，学科最新的成果，首先在这些县里转化，因为有一些互利的条件，地方政府还很高兴。后来这些地方政府在东北师范大学去实习之前，要开会讨论东北师范大学实习生安排问题，这样容易解决实际问题，最少上20节课，后来很多学校涨到40节课，但是很不容易，就是这个学科要上重复的课，讲完一遍大家讨论讲得怎么样，然后修改。这样就带来一个很大的问题：过去实习是数学系到一个学校，物理系到一个学校，实习课时增加后实习学校就安排不开，所以我们必须是叉开的，数学5个学生，物理3个学生。这样给实习老师就带来很大的问题，所以我们学校采取了一个非常特殊的政策，就是学科教育这些老师评职称可以单独评。不说SCI这些事，他们有他们的系统。但是有一个条件，要想单独评的话，他就必须带实习生。这样的话，他们也都很愿意去带实习生，还有一些刚毕业的学生，让博士生去指导这个学生实习。把学生的实习问题解决了，我们的毕业生很快就能到中小学教课，上手快，这样逐渐走向良性循环。

但是我体会到师范院校最重要的就是学校的氛围。我们学校本科生有一半当老师，还有差不多一半考研究生。考完研究生的很多也是去当老师。我们学校大部分是老师，所以叫人民教师的摇篮。在整个学校，我们的师范氛围很浓厚，大家会在一起谈论如何当一个好老师。学生在学校这4年或者6年受到熏陶之后，他以后当老师就比较自然而然。当时很少有中途转行的，说我不当老师干别的。根据我们学校的调查，90%以上的毕业生都是在教育一线，很多当了特级教师，有的当了校长，还有到教育局担任干部的。他们还是很受欢迎的，包括在沿海地区，在北京、上海等大城市。

王晓阳：因为东北师范大学是教育部直属高校，特别是在东北三省可能影响极大，在全国也有影响。有没有相关的统计数据？

史宁中：有相关统计数据。那是很多年前了，那时候我在当校长，特级教师在东北快占到一半。后来，比如，深圳教师里大概会有1/3是东北师大的毕业生。因为我2008年去开校友会，那个时候深圳教师里东北师大的毕业生就接近2000人。另外在北京的也非常多，因为那时候北京市的两个区的教育局局长都是我们学校的毕业生。深圳市的教育局局长也是我们的毕业生。

王晓阳：那您在担任校长期间，觉得师范教育国家政策方面，有哪些重大的变化？一些政策出台背后的原因是什么？

史宁中：其实师范教育的政策改变是随着基础教育的改变而改变的。基础教育过去是要解决能上学的问题，主要是政府行为，需要盖房子、盖校舍。后来到2008年左右，当时的总理温家宝讲就是要从能上学变为上好学。上好学的问题，很大程度上就是校长和教师的问题，这样就需要重视师范教育。

王晓阳：后来温家宝总理提出来6所师范大学来办免费师范生，是什么意思呢？

史宁中：就是上大学的时候不要学费，但是毕业之后你要去当老师。

王晓阳：这个政策是怎么出现的呢？

史宁中：温家宝总理第一次正式谈这件事情是在东北师大。那时温家宝总理视察东北师大，在图书馆一个大院，跟学生说："如果我们实行免费师范生，你们支不支持？"学生觉着不交学费更好了，大家都说好，所以就开始推行免费师范生政策。这个变化是最大的，其实光对我们这6所部属师范大学起不了多少作用，但是对全国的师范教育影响很大。现在好多省也在搞他们省的免费师范生，在这种情况下，我们部属院校的免费师范生的人数反而减少了。现在更多的是省属师范大学在做这些，所以这对整个师范教育的发展还是很重要的。

王晓阳：在免费师范生政策下，学生毕业后是工作几年？

史宁中：现在好像是工作5年，但是还有一个政策，就是免费师范生工作2年之后，可以回来继续攻读教育硕士，还可以进一步提高，这是很重要的。只是在大学教他们那些教育学、心理学和课程，学生没有感觉，但是他们教了2年书、经历了很多事情之后，他们再学是完全不一样的。

王晓阳：东北师大免费师范生的规模大概是怎样的？

史宁中：免费师范生每年是2000人左右吧，现在大概是1500人。我们60个专业是师范专业，一个专业才有20多人。

王晓阳：那这些免费师范生在录取时，比普通师范生分数线高或低多少？

史宁中：我们这免费师范生分数高，因为现在老师这个职业不是很差的职业，很多人愿意当老师，这是一方面。还有一方面，学生就业已经保证了。所以现在免费师范生的分很高，报考的多数是农村的学生，还有一些沿海地区的，他们能回家也挺好的。

王晓阳：那后来有没有相关的调研，比如，东北师大毕业生的就业或者工作的情况？

史宁中：学生就业绝对没问题。各个省都巴不得要这些学生，都很重视这些学生。

王晓阳：那在您当校长期间，在师范教育，或者说教育哲学方面、有关师范教育的哲学理念方面，您当时有哪些主要的观点？

史宁中：师范大学，特别是部属师范大学，必须关心基础教育的发展。所以我本人从2005年（当时根据教育部的要求）参与了课标的修订，就是要关心学生的发展，都发展些什么。就我的经历来说，我想到这些，但是中国基础教育也是这么发展起来的。

过去中国基础教育最关心的是双基，就是基础知识和基本技能，要求基础知识扎实、基本技能熟练。但是对一个人的发展，或者对一个国家的需要来说，光有知识和技能是不够的，他需要发现、需要创造，因此还要让学生学会思考问题。会不会思考问题这件事情不是老师教出来的，是学生学出来的，因此它是一种经验的积累。积累一种什么样的经验呢？基于学科最基本思想的经验。比如，我们在数学课程标准中，就把传统双基变成了四基：数学的基本知识、基本技能、基本思想和基本活动经验。活动经验主要是指一个人思维的经验、一个人做事的经验。会想问题、会做事，这些事情都是要通过他主动领悟的，所以要改变整个教学方法。

还有一点，传统的能力说的是分析问题的能力和解决问题的能力。但是为了国家的发展，为了创造，你还得能够发现问题，能够提出问题。所以我们就把传统的两能变成了四能，就是在分析问题和解决问题能力上加上发现问题和提出问题的能力，这是一个过程。之后，国家又开始重视核心素养，促使我们数学学科更深刻地思考这个问题，就是你培养的人到底是什么样的人。后来我们就提出基础教育阶段的数学教育，不管这个人未来从事的工作是否跟数学有关，我们都希望我们的学生会用数学的眼光观察世界、会用数学的思维思考实际、会用数学的语言表达，实际上就是"三会"。有了终极培养目标之后，那么在这个终极培养目标下，数学的眼光是什么呢？是抽象，一般性的看法。数学的思维是什么呢？是逻辑推理，是一种思维的严谨。数学的语言是什么呢？在现代社会主要是构建模型。这样我们就把整个数学培养的目标确定下来。这些目标不是通过一堂课、两堂课实现的，而是需要学生在长时间的实践活动中逐步形成的。形成什么呢？形成他思考问题的习惯，形成做事的习惯，这样就把我们刚才说的双基更提高了一步。

基础教育就是这样逐渐发展起来的。因此对于师范大学来说，你要研究基础教育应该怎么发展，以及为了发展，你们师范大学要培养的人是什么样的人，这是一体化的。在研究基础教育的过程中，为基础教育的发展提供更好的思路。同时随着基础教育的发展，你要不断地改变你们的教学。所以在东北师范大学我提出来了，后来我非常高兴，因为我们这次党代会就吸纳了我这个话，把这句话叫作改造我们的师范大学、师范教育。

王晓阳：为什么要改造我们的师范教育呢？

史宁中：我们东北师范大学刚开完党代会，会上就提出改造我们的师范教育。为什么会出现这种情况？过去的师范教育其实跟综合性大学的教育差不多，没有更多地教知识。为什么是这样？为什么没有教？知识必须这么表达，这么表达之后有什么必要性？我过去也不知道这件事情，后来我接触修改课程标准的时候，逼着自己思考这件事情。这次修改高中课标的时候，我跟教材编写的人、跟老师一起参与其中。比如，初中也讲函数，高中也讲函数，初中是用变量的观念讲，高中是用对应的观点讲，为什么要有这个变化？这个变化的必要性过去从来不讲，所以给学生造成一种印象：这个概念一会儿可以这么说，一会儿可以那么说。反正老师让我怎么说，我就怎么说。这样孩子被牵着鼻子走，一点主动性也没有。再如三角函数，初中也讲三角函数，高中也讲三角函数。高中三角函数都在单位圆里讲，为什么？是不是必须这样？这是怎么回事？很多这样的问题没人回答。所以我提出了改造我们的师范教育，意思是师范大学就是要告诉我们未来要当老师的这些学生，为什么最终形成了这种状态，这种状态的必要性是什么，它所蕴含的思想是什么。

我们东北师范大学下一步可能要在这里下大功夫，必须把我们的学生教成一个未来有思想、会思考的中小学教师。首都师范大学最好也开始思考这样的问题，我们怎么培养出一个社会真正需要的老师，比如，数学思想的来龙去脉，都得让学生了解。而且不光数学学科，其他学科大概也有这个问题，我不太了解，我总觉得很多概念在不断变化，学生要知道为什么变成这个样子。

王晓阳：是，这个特别重要。您刚才说了数学的这种教育，在学生包括整个师范生培养当中，它处于一个非常重要的地位，比如，现在从高考来讲，强调语文、数学、英语3个核心科目。当然师范生又要学教育学、心理学等知识。那您觉得数学这个学科，在师范生培养上，占有什么特殊的位置？

史宁中：数学课时非常多。现在数学老师最多，课时也多。所以这几个大的学科，师范教育可能得下很大的功夫。要做好数学师范教育，就像我刚才说的，师范大学必须有一部分老师，是专门在做教育方面的研究。当时我们东北师范大学规定，数学系如果有80位老师的话，那么起码1/10，也就是8位老师，是研究数学教育的，否则不能形成相当的规模，特别是还得带着学生实习。所以大学有一个好处，大学是各种综合性的东西都有，比如，我认为体育、艺术对于一所师范院校的氛围是很重要的，艺术、人文、体育这些东西都有影响。所以师范大学这些专业都比较强，这样的话就能够综合发展。但是你刚才说的，像数学、语文这些大学科当然也是非常重要的。

王晓阳：那您在担任校长期间进行了哪些改革发展，又有什么样的经验教训？

史宁中：我认为有几件事是很重要的。一是整个学校的发展规划，对土地规模进行科学计算；二是课程设置；三是营造学术的氛围，包括我刚才说的大学生去实习这些事情。其实我当初还做了一个事情，就是提出了一个很有名的"教授委员会"。教授不治校，但我希望教授可以治学，上什么课以及学术交流，这些事情由教授来定。当时这个事儿对后来影响挺大，跟现在的政策可能不是很符合，但是无论如何在决定跟办学有关的事情上，我认为教授应该参与其中。为什么呢？人做到一定程度之后，你赋予他责任，能够调动他积极性。这样的话他就认为这件事是有价值的，这是有必要的。

这件事情对学生这样，其实对老师也是这样。抓学科建设的时候，提出来有所为有所不为。所以东北师范大学那时候经费有限，抓的学科也不多，主要抓了8个学科，但是这次"双一流"上了6个学科。

但是要说到教训，当时就是对有些学科重视不够，影响了这些学科的发展。我过去以为许多人文学科应该自由发展，所以很多钱都用来买设备、做实验。后来我发现事实不是这样，其实人文学科也需要支持，不仅需要语言上的支持，也需要政策上和经费上的支持。这是很重要的一方面。

王晓阳：您刚才说的教授委员会，学校章程是在您当校长时制定的吗？

史宁中：我当时是这么设想的，班子怎么预算这些钱，最后结算得去教授委员会汇报。我希望教授委员会控制班子，班子控制老师，教授委员会3年一换届。这样老师又控制教授委员会，相互制衡，不就稳定了吗？我是这么设想的，就是形成了一种管理模式。管理上的一些东西还是很重要的。

王晓阳：那您觉得在过去您工作这么多年，到现在高等师范教育有哪些重大的变迁，产生了哪些影响？您怎样评价这些大的变迁呢？

史宁中：我认为咱们国家这一段师范教育发展总体来说还是很正常、很好的。虽然中途有一段时间不太办师范了，但是后来很快就转过来了。师范教育是很重要的事情。过去美国也有类似咱们的大纲、课标之类的，美国曾经有一次让中国派人去评价，我去了，还发现了很大的问题。谈到美国的教育，美国数学老师平均工作不到5年就转行。美国还有一个问题，就是当了老师之后就没人管了，基本是自由发展。他问我，我说你们最大的问题就是因为没有师范大学，师范大学有那种氛围，能够让孩子们当老师之后坚持当下去。当老师不能频繁转行，老师需要通过逐渐积累经验，成为一个越来越好的老师，这是很重要的。

还有教师自身需要提高参照。教书，教一段时间不知道怎么办了？我认为咱们国家的教师培训做得非常好，很重要一个原因是有师范大学，师范大学这些老师一直在研究教育，所以能够培训。办好师范大学，我认为对国家的教育是极为重要的，所以师范教育只能加强。现在的问题就是怎么样能够随着时代的发展，把我们师范教育办得越来越好，就是越来越符合基础教育发展的需要，越来越有利于国家发展。所以说改造我们的师范教育，就是能够适应基础教育发展。

王晓阳：您刚才说的教师培训，咱们国家做得很好。除了师范大学以外，以前各个省我们都有很多教育学院，但后来教育学院都逐渐地转变为师范学院或者是合并了，您怎么看这个政策的改变呢？

史宁中：如果这所师范大学真的关心基础教育的话，合并也不一定就不行。但是有一点很重要，就是中国特色。前一段时间因为上海PISA考试特别好，要总结上海经验，上海跟教育部说希望能有人来帮他们去总结，教育局让我去。我帮他们总结了三条经验：第一条经验就是连贯一致的政策；第二条是海派文化的上海课堂；第三条很重要，就是非常好的教师和教研队伍。我认为这个教研员队伍就是需要专门有一些人关心老师的成长，并且关心应该研究什么问题。这个很有必要。所以在这个意义上，你要并到师范大学把教研员都取消了，那不太好，我认为还是应该存在的。因为在教育学院里，很多省的教研员都在教学。把教育学院取消，教研员减少，就没人研究了。大学研究基础教育和教研员研究不一样。大学更多是从理论上研究，而教研员关心是的是教师的现实，所以他们关心的事情不一样，这不能完全替代。

王晓阳：那您认为目前我国高等师范教育还存在哪些问题？

史宁中：师范教育要教的东西就如我刚才所说。这所学校，我在当校长的时候，总感觉像一个很沉重的葫芦，让它转起来不容易，但是你想让它停下来、让它拐弯也不容易。所以必须知道我们大学的教学要随着时代的发展而发展，随着学科的发展而发展。而对于师范大学，重要的是随着基础教育发展而改变，不是光发展，而是改变，这是个大的问题。

还有就是过去师范大学关于培训重视得不够，师范大学要把职前职后一体化这件事情真正落实下来，这是很有必要的。所以我说的改造我们师范教育，就两件事，一个是把课讲好，另一个是把培训搞好。

王晓阳：高等师范教育就是生源的问题，刚才说免费师范生还不错，在招生中，您觉得怎样能够提高师范大学在家长、高中毕业生当中的吸引力，使他们愿意去当老师读师范？

史宁中：这个是件大事。咱们国家原来有个教育中长期发展规划，那个时候我很认真地思考了这个问题，我认为需要处理好以下几件事。第一件事情就是工资，包括教师的社会地位，教师应该真正受到尊敬。第二件事情，我希望国家来定一个省有一所大学、一所大专是免费的。大学毕业的当中学老师，大专毕业的当小学老师，甚至当幼儿园老师，这个是真免费。第三件事情，要制定相关政策。我不认为我们到农村去的老师就必须是农村户口，或者家都必须在农村。他可以把家设在县城，现在交通都很发达，这样他星期五晚上或者星期六早上回家，之后星期一早上或者星期天晚上过去，这就需要在镇里或者在村里修临时的住房。他们担心宿舍设施的钱，所以要把这一套措施都想好了。但是有的省也有到农村去教书增加工资的政策。这一套都制定得很完善的话，教师工作起来也舒心，工资待遇也不低。在这种情况下，我相信应该能招到好生源。

王晓阳：是的，上次采访顾先生的过程当中就谈到了这一点。中小学生家长都想让自己的孩子接受更好的教育，在更好的中小学接受更好的老师教育，但他们很多时候都不愿意他自己的孩子去当老师，所以这成为一个很大的矛盾。但这也说明教师、家长、社会上都知道教师对孩子的教育很重要，这个社会得逐渐形成尊师重教的风气，这是非常重要的事。对这个职业感到敬畏，对教师要尊重，必须进行改革。那么您认为我们国家高等教育未来发展的方向在哪？您对此有什么样的展望？

史宁中：未来我认为能够培养的师范生太多了，大概每年培养的比要用的人多好多。所以在这种情况下，如果可能的话，要精简一下，把师范教育办得更精一些。免费师范生为什么能招得很好，因为职业已经定了。结果当了师范生，你还不一定是老师，所以这个地方可能需要精简。我曾经提了一个方案，后来没有被采纳。我认为师范教育可以将学制延长至六年，前四年在学校学习，后两年就到教育第一线去，学习教学方法、学习教育学、学习心理学，如果合格了就可以直接当老师，这样算教育硕士毕业。学医就是如此，师范教育也可以尝试一下，判断一个人能不能当老师，要让他教着看，而不是学着看。

如果要走到这一步的话，我认为就更好了。我到日本去，日本已经开始尝试这么做了。就是随着时代的发展，社会对老师的要求越来越高了。在这种情况下，我们对教育培养的整个形势应该有所改变。我现在不当校长也没有思考过这个问题，但是无论如何给我的感觉是应该变一下。

王晓阳：那您有关注比如教师资格证方面的要求，还有考试的要求吗？

史宁中：现在我没有太关注这个事情。以前我当校长的时候参与过这个事情，题怎么出，包括考试大纲我也帮忙做过，但是具体实施得怎么样，我没有太注意这个事情。

王晓阳、王天晓：您在世纪之交当了那么长时间的校长，到现在您觉得时代变化很大，那关于教师素质的要求，包括对一个优秀教师的要求，您觉得有什么样的变化？

史宁中：对中小学老师的要求变化太大了。过去能把知识讲明白，学生会做题，就是基本要求。那个时候说的口号就是，基本概念扎实，做题能力比较强，就是好学生。而未来要教孩子们学会思考问题，会做事情，这个变化是极大的。如果说知识技能是一种激活的教育，知识肯定是结果，可能是你思考的结果，也可能是总结经验的结果，这样的教育在本质上是一种结果的教育。你要是让他教给学生智慧，教会学生做事，这是在过程中交流，这样教育转变就非常大。老师就不能过多关注怎么教了，而是要关注学生如何去学，整个理念要发生很大的变化，这一点对老师的要求很高。而这个要求现在对老师难在什么地方呢？师范大学里的教育没有很好地转变过来，但是在工作中老师又必须转变过来，所以老师如果自我提高能力不强的话，就不好办了。

所以我就说师范大学要改，不改变就太难为学生了，其实这是一个挺大的事情。未来对老师的要求变了，这个转变是根本性的转变。还有就是教师需要启发学生思考。但要把孩子调动起来，让他讲问题，这并不容易。所以教育理念、教育方法都发生了很多变化。更大的问题是我们的评价没跟上，因此仅改变教育方法，但仍采取原来的考试形式成绩并不一定好。所以说我现在在帮北师大做教育质量监测，在出一些考查学生思维能力的题，让教学能够见到效益，这是很重要的。其实今年高考也在改革，我也是国家考试中心的顾问，就是如何考学生的思维，这件事情大家都在尝试了。所以我认为，现在高考的整个方向是非常好的。

王天晓：好，谢谢您，史校长。我还有一个特别感兴趣的问题，比如，东北师大在教师培养、师范生实习方面做得一直是非常突出的，特别是跟地方政府合作，包括前些年有一个与黑、吉、辽政府合作的教师教育创新实验区。首师大今年也一直在与地方政府、学校合作，建立了我们称之为 UGS 的教育共同体。所以特别想听听您在这方面的思考，包括为什么要这么做。

史宁中：和政府学校合作就是为了解决实习问题。我们带实习生，我说必须讲 20 节课，后来实习生告诉我不行，他不给你安排。后来我一想，你光找中小学大概是不行，你得找地方政府。再后来一想你光求地方政府也不行，你得相应地有所贡献，这样就是双赢，双赢是非常重要的。首师大应该怎么做？首先得跟省里签，由省里发文，这个再到县里去，县里就帮忙找找学校，一般都是县里最好的学校。但是在履行过程中必须守约，你说要帮人家培养老师，那就真培养。把老师替换出来就像那种顶岗实习老师，也不算。咱们学生一开始顶不了岗，实习差不多两个月的时候就可以顶了。这样的话，无论如何你让当地老师到你们学校来，至少也需要两个月，所以师范学校这边培训也得准备好。这是一传十、十传百的事，他不能一次把所有老师找来，找一部分老师说，以后这样的话就走向两翼，所以一定做好准备，这个事情不能违约。

但是中小学有一些条件，学习能力比较强的教师也需要培养，如培养教育硕士。这教育硕士说的都是在职，还可以免学费，这是有一些政策的，这个就是东北农村的情况，我们关心农村。我也发现农村教育是中国教育中最重要的。后来我们就成立了个农村教育所，现在叫农村教研院，发展得越来越好。我搞农村教育一开始就是调查，农村教师是培养和培训一体化，所以我们东北师范大学就抓这个。学校行为研究和老师个体行为研究是不一样的，个体行为研究看研究者的意愿，而学校发展研究必须是国家需要。因为当时我们在全国调查的第一件事情是辍学的事情。当时辍学非常普遍。我们第一次调查发现，8 个省初中三年级辍学比例达到 40%。后来我们就教育部发言的问题向中央汇报，然后国家召开了中华人民共和国成立以来第一次农村基础教育工作会议。到了

2008年左右，国家花了5000亿解决上学的问题。你必须做这样的事情。后来我们做的第二个调查就是校车的问题、学校布局的问题。农村没有一、二年级的学生学习，那么小的孩子都辍学，我觉得农村学校布局问题太大。后来部里也给钱，正在调查的时候出了校车事件，这又是个大事。这就是时刻关注中国农村教育的发展。

所以我们每年一个报告，过去报告是我们学校写，现在变成国家报告，每年这个报告要在北京发布。这个报告是很重要的，这样我们农村教育研究在全国是绝对遥遥领先的，我们下了这么大功夫，这么多年调查，每年还出报告。现在都关心国家未来发展的一些大问题，就是教育质量均衡、学校经费应该如何去拨，这是一件很大的事情，这对国家决策也是有好处的。所以教育研究的事情，如果学校再来抓，一定要明白这个研究到底要干什么。

王晓阳：我想再确认一下，您刚才说的辍学的问题，国家后来花那么多钱，5000亿。比如，农村家长不重视教育，他就让孩子初一、初二就不上学了，就去打工，后来那钱都用到哪去了？

史宁中：过去上学要交学费，过去书本要钱的，过去中午不管饭，过去校舍不行、桌椅板凳不行，过去学校没有计算机，这些都要花钱，特别是农村。这个是可视化的，你减免了学费，你说得花在这么多学生身上，真正地落实免费义务教育。过去有一句话叫"人民教育人民办"，这句话的意思是什么呢？就是农村乡镇的老师的开支由乡镇财政支出。乡镇将来没钱，就拖欠教师工资。所以后来这一套政策改变了，由省级财政、由国家出钱了。这一套都需要经费支持。所以我说上学的问题关乎国家行为、政府行为，但是上好学的问题很大程度上关乎教师的行为，是校长的问题，这个转变必须得重视起来。

从历史中汲取智慧，追求卓越的师范教育

——刘新成先生访谈实录

王晓阳（校订、整理）

访谈时间：2019年9月

访谈对象：刘新成，历史学教授，博导，现任十三届全国政协副主席，民进中央常务副主席。曾任首都师范大学校长，民进中央副主席、北京市委主委，北京市人大常委会副主任，北京社会主义学院院长。第十一届、十二届全国人大常委会委员，全国人大教育科学文化卫生委员会委员，第十届全国政协委员。

访谈人：黄宇红、王晓阳

1. 尊敬的刘校长，非常感谢您百忙当中接受我们的访谈。有几个问题想请教您，在您求学的时候，我们国家师范教育是什么状况？

刘新成：我是1977年入学，那个时候对于师范教育怎么发展、自己的未来是什么，确实考虑不多。因为当时是头一年高考，我本身只上中学到初二，在四中上学，一直是想上大学学理科，并没有想过学文科，所以接到通知以后，就是全力以赴准备把高中的数理化全学完，马上就迎接高考，8月份得到消息，12月份考试。准备到半截，觉得实在攻不下来，所以就只能转到文科，但转到文科仍然需要学习数学，所以

把高中的科目就都给学完了。那时候没有复习资料，就是看报纸。高考什么样的辅导都没有。

考文科当时可以学什么专业呢？就只有文学、哲学、史学，从这三个里面挑选。当时受"文化大革命"影响，觉得文学和哲学都很容易犯错误，所以就想学历史。那时候我是在外地插队8年，后来在外地工厂，回来转回北京，家里也需要有人照顾，所以考大学时就考虑，最好大学毕业之后别再分配到外地去，于是就报了北京师范学院（现首都师范大学）。这个北京市属学校，就在北京，就是出于这样一个很简单的考虑，我上了北京师范学院的历史系。

如果说当时对师范教育怎么看的话，我本人倒没有什么想法，而是社会上对上了师范将来当老师是很不认可的。我给你讲两个例子。一个是我调回北京之后，在北京市政四公司基建队工作，是开铣床的铣工。那时候能够上大学的人很少，我周围的那些小年轻，他们"文化大革命"前还都是小学生。在他们的思想里边，老师是很没有尊严的，因为他们那时候就时不时逗老师、拿老师寻开心。有部电影叫《阳光灿烂的日子》，那里面老师就是被欺负的对象，我爱人就是那个年代的中学生，每天老师推门进教室，门上面架一个扫帚、一个簸箕，然后老师一推门，那些垃圾掉下来，弄得老师一头都是，全班哈哈大笑。那时候，很多老师不敢批评学生，即使被欺负了也不敢批评学生。那时候大家认为，老师就是批判对象，是被寻开心的对象，所以当时我考上大学，那些年轻的工人很羡慕，但是听说我考上师范，他们便说当老师的太没有意思。这是一个例子。

另外一个例子就是我的一个表妹，她的男朋友跟我一样，也是五中的老初一，六八级的毕业生，跟我一样情况，只能考文科。他当年的分数也够了，也是被北京师范学院录取，他就没去报到，然后又复习了半年。最后他上的好像是北大国政系，因为他又有半年复习时间，结果就不一样。这说明当时师范院校是一个不被社会看好的学校，而且教师也是一个不被看好的职业。

2. 那您毕业以后，什么时候开始从事与高等师范教育相关的工作呢？

刘新成：我本科毕业那一年，我们学校历史系就有硕士点了，所以毕业之后我就考了研究生，从 1981 年年底到 1982 年年初。我们是 1978 年春天入学，七七级。1977 年 12 月考试，1978 年 3 月、4 月入学，是恢复高考的第一届。因为在此之前我已经有 5 年以上工龄了，按当时的政策，够 5 年工龄的，上学时候就带工资，毕业之后回原单位。回原单位就分配相应的工作，我们单位是公司，公司当时也有上大学的，回到公司，又分到教育科，但我本身上本科时候，就决定一定要考研究生的，考了研究生，也没有回原单位。因为历史系当时在学校算是仅有的几个有硕士点的院系之一，所以就对考到本系的研究生还比较重视。1985 年毕业，毕业之后学校也很缺老师，我就留校工作。刚留校一年，我们就有博士点了。历史系有博士点也是比较早的，所以后来我就一边工作一边在职读博。当教师，严格来说是从 1985 年开始的。

3. 那您当老师以后的工作经历当中，有哪些和师范教育相关的有重大意义的事件？

刘新成：我开始当老师以后，说实话并没太关心这方面。因为当时的工作主要是教书，做自己的科研，又要读博。我对师范教育开始真正有认识，或者比较关心师范教育是在做副校长以后，在那之前基本上就是自己搞自己的业务，后来在历史系当系主任的那一阶段，也不像后来过多地考虑我们培养的学生是师范性的还是非师范性的。这在社会上好像也不是热门话题，我认为意义重大的一件事是 1985 年开始设立了教师节。

4. 那您当副校长、校长以后，您在高等师范教育方面都有哪些观点？

刘新成：我第一次认识到师范教育的特殊性，是去参加教育部师范司的一个座谈会。当时教育部师范司司长叫马力，他有一个小圈子，就是6所部属师范大学，再加上4所地方的师范大学，其中就有南京师大、湖南师大、华南师大、首师大，这10所他抓得比较紧的师范院校，经常坐在一起开这种研讨会。

其实那个会通常都是校长去，我是副校长。有一次，当时学校在搞"三讲"，就跟现在学习教育活动似的，是党内党建的要求。这些校领导都是党员，那个会都不能去，所以就只能我去了。我就在那个会上听到南京师大、北师大的校长们，都在谈师范性不等于落后。这时我才第一次接触到，原来师范是较落后的。他们主要考虑的是，"文化大革命"前17年也好，还是"文化大革命"期间也好，师范院校就是培养中学教师的，所以投入就非常小。这样的话，整个师范大学学科水平、专业水平都比较低，改革开放以后，整个带"师范"字的学校水平就比非师范学校自然要低一点。因此，那些学校就急于摘掉这种落后的帽子，就说不能说师范性就等于落后，师范同样应该发展学科，应该在学术上往上攀升，这种呼声大致是在1998年我参加那个会的时候开始的。

但是那个时候开始，也就是扩招以后，大学里开始强调学科建设，国家的投入又开始跟学科建设水平挂钩。这时候的师范大学，特别是有追求的师范大学，痛感在这方面处于非常不利的地位。所以就呼吁师范司一定要重视师范学校的学科建设，师范大学的投入应该提升，这个呼声比较强烈。我估计在这之前已经酝酿了一段时间，因为当时"211"已经评了。评"211"的时候就很看重学科，而且经费的投入跟学科水平就挂钩了。在那次评"211"的过程当中，师范大学可能都不同程度地感觉到很吃亏，竞争力不够，只有少数师范大学在与工业大学竞争当中胜出，像首师大就是和北工大竞争，北工大胜出了，大部分原因跟环境也有关系。当时都重视经济建设，如工业、技术，重视这些，因此扶植那些工业大学。所以在评"211"的时候,我觉得是对全国的师范大学很普遍的冲击。

原来我们对大学很少做这种横向的比较,当然都知道清华、北大好,但是现在真正要放在一个平台上去比较,师范大学就开始感到失落。一些有追求的师范大学就开始强调师范大学应该重视它的学科,要发展学科。

后来关于师范大学的综合化、师范生培养的综合化,大概都是从这开始的。这是一个起点,首先是学校受到的震动,学校开始感受到发展的重要性。传统的理念认为师范学校就是培养中学老师的,没有必要去发展高精尖的学术,没有必要像综合性大学那样全面地发展。这些师范大学就提出一种理论,就说师范大学只有综合性地发展,才能够保证师范生的培养质量。

怎么把这个逻辑说通呢?国外发达国家的模式是什么?优秀的师范生该怎么培养?要论证这些问题。论证的结果就是,我们的师范生同样要有比较扎实的学科专业基础,并在此基础之上去学教学方法的相关理论。只有这样,才能成为好教师。所以师范生的后本科培养,也是从这个论证当中衍生出来的,就是说我这四年本科的学习应该和综合性大学的专业水平是一样的。本科在学好这个学科专业之后,再学一年的,比如,心理学、教育学,这样的师范教育出去再当老师,才能培养出好的师资。

但这都是一些理论探讨,也是一些学校的追求。相反的声音也有,主要来自两方面。一方面来自政府,政府主管部门仍然认为,师范大学最重要的是提供充足的师资,一所师范大学综合化,培养好多非师范专业的学生,那师资数量就会不足。一所公办大学,用财政的钱办大学,则必须满足社会的需要。所以政府一般对师范大学的综合化不积极支持。

另一方面，地方性的师范学院，比如，一个省，只有省会的一所师范大学，其他各个城市的师范院校，有的是地级市管、有的是省里管，那些学校是不可能综合化的，也没有那个实力，所以它们就老老实实培养师范生，以传统方式培养师范生，先满足本地区师资的需要。而教育行政主管部门的想法和这部分师范学院的领导的想法是合拍的。

这就是关于师范学校究竟该怎么办的问题。看法上始终是有分歧的。所以学校基本上是在夹缝中求发展。特别是像首都师范大学这样的学校，它这种夹缝感尤其明显。因为它不同于那种地市的师范学院，它还是有追求的。但同时作为一所地方办的大学，地方政府对你的期待和你自身的追求是不吻合的，所以只能在这个夹缝当中去发展。

5. 那像北师大它的综合化好像追求是更多一些，和首师大比起来，首师大师范性还好一些？

刘新成：北师大是这样，它从来不把自己定位为培养老师的学校。它说我是做教育研究的，教育学科是我们的优势学科。我做教育研究，并不以为学生的就业方向是老师。而且从历史来讲，可能"文化大革命"以前17年的时候，还有一些北师大的毕业生去当老师。在改革开放以后相当长一段时间，他们不以培养教师作为它的办学导向。所以北师大从来不大参与中学师资应该怎么培养的这种讨论。

我也了解到，像在北京市中小学里边，首师大出来的教师可以超过半壁江山，就是我们特级教师、优秀教师与高级教师比北师大的影响力更大。我们的总量大，因为北师大出来当中学老师的人很少。

6. 那您当校长期间在学校里推行了什么样的改革措施？有什么经验教训？

刘新成：我当校长的时候，就是对这个夹缝感最强烈的。在我当校长之前，初等教育学院（之前为幼师）刚刚合并到我们学校来。并过来之后，我在副校长时候就兼着这个初等教育学院的院长。在那个时候，也是我们学校开始追求综合性发展的这个路上走得最猛的时候，所以当时我就感到在两线作战。一方面，你得完成政府的要求，这方面的压力是很大的，而且政府非常重视师资培养。当然它也重视学科，但是它比较强调的是这个。另一方面，那时候也是大学排名、学科评估这一类搞得最热闹的时候，学校又得拼命地去争这个地位。所以你两条线都得发展，都得着力，应该说是比较辛苦的状态。

但是我认为，每个学校有每个学校的特殊性。首师大既然处在这样的位置上，那就需要力争把这两步都走好。我既要把培养教师这个任务完成好，同时学科这方面只要能够发展的，只要有机会就大力去发展。我觉得两者之间并不是完全矛盾的。比如，初等教育专业，我们虽然把初等教育并过来，但在此之前它从来没有作为一个学科发展过。再好的师范大学，也没有在初等教育学科、初等教育专业上有过很好的研究与发展，所以首师大将初等教育合并之后，马上就成为这个专业的排头兵。因此在初等教育专业上，最初建立的什么专业指导委员会，都是首师大来挑头的，而且也可以吸引若干人才从事这方面的学术研究。

但是，我觉得并不理想，我一直主张办专业，同时发展学科。我们专业做得还可以，但是学科上没有。要吸引很多人来专门把这个年龄段的教育作为一个研究领域来发展、开展国际交流等，在这方面我们做得并不出彩，但是我觉得是有可能做出彩的。当时甚至还有人说初等教育专业是低端的师范，我们学校有的校领导认为很丢人——你首师大还培养小学老师。我非常无奈了，只能尽量把这个所谓很丢人的事做出彩来，我觉着这个能够在夹缝当中生存下来、发展起来。

包括幼教也是，幼教在当时看来就更低端了，但现在恰恰是最受关注的，而且学前教育实际上对入学以后的教育是非常关键的。特别是师范大学还要同时兼顾发展科技，但是在这方面得到的支持就不像综合性大学那么多，这也是客观现实。

但是我了解到现在首师大的学科，包括一流学科的发展也还不错。反正是要经过一些艰苦的努力，为什么能做到这点？其实这也是不可比的。关键北京有区域优势，这个地方产出的人才太多。第一波被清华、北大抢走了，第二波被北航、北理工、北师大抢走了，你总还有第三波、第四波对吧？这些人只要事业上想发展，他还是愿意留在北京，所以我们这地方还能够积累下一些人才。另外北京的经济比较好，经费支持比较充足，大学有人有钱就没问题。那再加上大学领导有理念，确实好发展。

7. 您当校长的时候，我们国家当时发展师范教育的政策如何制定？实施的状况如何？

刘新成：当时在温家宝担任总理时期，已经开始搞定向培养。那时候国内已经开始对教师高度重视，特别是提高教师待遇与社会尊严，在这方面和"文化大革命"后期我考大学那时候，大不相同了。同时，受商业意识的冲击，教师仍然不是一个很让人羡慕的职业，所以师资仍然短缺，特别是优秀人才来学师范的仍然很少。所以当时温总理出台了免费师范生政策。首师大师范生从来没有收过费，首师大是全国仅有的几家从来没有收过学费的师范院校之一。

问：但是仍然招收非师范专业吗？

刘新成：非师范专业从来都是收学费。

问：那这样的话，不收费的师范专业，生源会好一些吗？

刘新成：甚至比非师范的要更好一些，但也不一定。师范专业的就业率相当高，非师范专业就业率就逐渐不那么高了，甚至差距比较大。我印象当中，好像我们师范专业的就业率在98%左右。非师范专业不太受欢迎，就业率在50%~60%，差别很大。首师大毕业生的就业不成问题，在于它生源里面大部分是北京孩子。这些北京孩子对于在北京当老师也比较满意，所以生源从来不受影响，就业也不受影响，跟全国的总体情况还不太一样。

从全国的情况来看，很多人上师范大学后，最后还是不愿意当老师，尤其不愿意回到本地落后的地区去当老师，造成一种教师紧缺的情况。所以首师大情况比较特殊。从全国来讲，我也接触到社会上、行政部门关于这问题的想法，我觉得我们师资是否短缺，还是教师这个职业本身的地位问题，跟大学的关系不大。如果政府政策能让教师的工资、待遇，真正让社会上羡慕，那师资短缺的问题自然而然就会消失，教师社会地位不高的问题很快就会解决。这不是我们培养的人的水平决定的。正是因为教师的社会地位低，所以才没有好学生报师范，所以才培养不出来很优秀的教师。

中华人民共和国成立以前，很多名流都当过老师，陈景润就当过中学老师。但那时候中学老师的社会地位是非常高的。现在教师的社会地位达不到那个程度，所以我们教师的待遇、社会地位高不高和我们大学培养出来的学生是不是很合格之间，我觉得没有直接的关系，更多的还是政府政策的问题。实际上免费师范生也要匹配给他相应的待遇，只是从职后提到职前了。所以免费师范生受欢迎。

至于教师培养的质量跟这个也有关，如果这个职业的尊严达到一定程度，自然就有好学生来上师范，跟培养模式的关系应该也不是很大。关于培养模式的争论，首先，学校要发展，发展的方向是综合。综合性发展的理由是：只有综合发展，才能培养出更好的老师。为了论证这一点，在培养过程中，先是要把专业学科讲好，然后讲师范等，是一个不断推进的过程，这样就把师范生怎么培养这件事情炒得很热，并成为师范院校发展要讨论的一个关键问题。我参加这个讨论的问题就是：首师大究竟是不是应该发展成为师范生的本科后培养。孟繁华他们在这一点上都是持肯定意见的。现在反过头来看不是关键。

我觉得要着眼于当下：师范怎么强调师范的特性，或者说对教师有什么新要求，对我们的师范教育发展应该形成什么新的思路。随着网络化的发展、信息化的发展、人工智能的发展、5G时代的到来，未来的教育究竟是什么样的，这是需要考虑的。原来那个体系内的师范生职前本科培养，还是本科后培养？是"3+1"的课程体系，还是"4+1"五位一体？现在已经不能走原来的路子了。

未来的人才是什么？未来人才的特点是什么？结合未来人才的这个特点，中小学要学什么？怎么学？这些问题才是最关键的问题。得把这些弄清楚，才知道师范生怎么培养，所以原来的那些争论应该过时了。

8. 但是像刚才您说到首师大与北京的情况，因为经济比较发达、条件比较好，所以北京中小学教师职业还是比较受欢迎的，比如，首师大毕业生到北京市哪怕一个普通的中小学当老师，是不是也是比较受欢迎？

刘新成：这从两方面来说。先从首师大的学生素养来说，考进首师大的学生，在北京是一些中等的学生。因为北京的升学率非常高。北京那些好的学生，大部分考上了综合性的大学，而大部分"985"学校都在北京招很多学生。首师大的学生在中学里面就是比较一般的学生，往往拔尖意识不强。从小学到中学，他都没有一个"我非要很卓越"的意识。这究竟好不好？我不做价值评价，这是他的性格特点。这样的性格特点决定他毕业之后如果选择当老师，他心里会很平衡，普遍也很踏实，就是对职业忠诚。他们一般没有要跳槽的，工作很安心，所以我们对首师大毕业生在中小学就业的调查，普遍反映是敬业，工作质量是不错的，但是冒尖的首师大毕业生很少。最后做得很出色的，后来又当了校长了，就是很冒尖、很拔尖，或者跳槽的，我们首师大的都不是特别多。

关于特级教师的统计，首师大毕业生的比例高，好像还是因为它总量大，首师大毕业生在北京中小学教师队伍当中的总量大，但是能成为校长的这个比例不高。从就业总量和拔尖的人数比例来看，应该不算高。

9. 您刚才谈到高等师范教育未来发展的一个重要研究课题，我觉得非常好，尤其您在全国政协工作，那么您认为，高等师范教育怎样在国家的经济社会发展中发挥更大的作用？

刘新成：其实刚才我谈到了这个问题，大学发挥的作用，我觉得师范大学和非师范大学都是一样的。你要遵循高等教育的规律、培养人才的规律。现在我们教师队伍无论是短缺，还是素质不够，或和时代发展要求之间有距离，这些问题要靠政策调整来解决。师范大学自身能做什么？我觉得应该有一些前瞻性的思考。未来的教育是什么样子？未来的老师应该是什么样的？未来的学习过程是怎样的？师范大学要多做这些方面的研究。当然这也不只是师范大学的事，实际上综合性大学同样要考虑这个问题。所以，如果现在的师范大学作为培养未来老师的摇篮的话，恐怕这种前瞻意识就更迫切。至于当下解决当下的问题，农村没有人愿意去，教师编制不足，还得请一些代课老师，还有学前教育教师短缺等问题，我觉得还要靠政策调整来解决，学校能做的很有限。

10. 那您觉得，关于教师的地位，特别是教师素质的提高，政策方面应该怎样调整？

刘新成：政策上国家很难一刀切，我们国家地区不平衡太严重。在一些地方，教师的水平、待遇就本地来讲已经足够高了。特别是在一些贫困地区，教师的工资不能低于公务员水平，如果那个地区又把这个政策贯彻得很刚性的话，那中学教师的收入比当地的民众的平均收入要高，那个地方的老师已经有足够的尊严，很令人羡慕。如果是在一个既大又不太发达的城市里，可能老师的地位就相对低一些，还是要靠地方政府去调节。这是一个问题。

我发现特别是在经济上很发达、教育尚不发达的地区，教师的地位是很低的，因为这个地方有钱、有地位的人往往把自己的孩子送到别的地方去念书。他对本地的老师是非常看不起的，因为这个地区教育不发达，而民众的收入是很高的，有钱人就把孩子送到好的地方私立学校去。这里中小学教学质量不高，那些教师是没有地位的，所以究竟教师地位如何，不能够全国一概而论，不同的地区表现是不一样的。

教师的尊严问题我觉得是个社会问题。我现在做的一些调研结果显示，教师职业倦怠感，或者叫心理比较灰暗的情绪，可能跟社会环境有关，觉得约束我们、指摘我们的人太多了，而且教育主管部门是整天检查、不断督查，所以教师干一点事都得留痕，以便应付他们检查。就是学校和教师这种无谓的负担太重。当然教委现在也开始注意到这个问题，就是形式主义的检查特别多，我开座谈会的时候，一个中学校长说一年他接受150多次检查，各种各样的检查，落实各种条件，这个是一方面。另一方面就是来自家长，孩子在学校受一点委屈，家长就开始抱怨。所以在这方面的教师尊严问题，是由一些具体行为引起的，导致教师心态好像不是特别好。

11. 您在当校长期间，关于师范生培养，具体推行过哪些措施？

刘新成：首师大关于师范生培养的措施有以下几个：一个就是我们成立了基础教育发展研究院，从院系里边抽出来13位老师，主要是以搞学科教学论为主，抽出来他们到中学去，搞了几个基地叫"教师发展学校"，把我们的一些教育硕士带到这些教师发展学校去，和他们所在基地的在职老师协同发展。这就不同于一般的实习，不仅增加了教育硕士的实践机会，而且所在的这个基地也不是很被动地、很消极地接受师范生，他本身是在职教师，同时发展自己，只是由我们的教师发展研究院的老师带着大家一起发展，同时也把这个学校整体的师资水平带动起来。当时他们还是很有心得和体会的，也达到了实际效果。大家共同发展，是一个发展共同体。

关于教育硕士，杨德广校长有一个观点，他认为现在应届生读教育硕士不是太好，应该是有几年的工作经历之后再回高校读硕士。在工作当中读教育硕士，我觉得可以。

12. 因为机会难得，所以我们代表学校问一个问题，就是您对首师大的建设有什么样的建议？

刘新成：首先学校得树立追求卓越的意识。不用管外界的看法，或者是政府对你的定位是什么，作为一个大学，得有自己往上攀升的劲头和规划。而且实现这个规划，肯定也会有很多障碍、很多束缚手脚的东西，总之要想方设法地去挣脱，还是得往高水平去发展。关于学校定位，我觉得需要研究什么叫定位。定位就是给你定了一个位置，如果你就在这个位置里边这么生存着，那还谈何发展和进步？不管怎么定位，一个学校总得追求卓越。

而且首师大，我觉得它的客观环境是允许它往更高水平、更高层次去发展的。那么现在可能遇到的问题是，在北京的这么一个大环境下，你要找到发展的路径，恐怕要动一点脑子。因为你在别人已经发展而且领先你很多的领域内再去发展，如果还是沿着人家的路去走，那必然是机会很小。所以你要发展，要找到自己的路径。而现在社会形势的发展，为我们找到了新的路径，关键是思想得解放，而且思路得开阔，找一些现在有前景，别人还没有来得及做的。因为学科的发展，3年就会有一个很大的变化。当然积累是重要的，但是每3年就会涌现出一批机会。发展很快，那就是在这方面要有眼光，要找准自己的路径，而且要看准，因为你之所以能够发展，一定是因为这方面是没有人重视的。人家已经重视了，你还有什么机会？所以你在起步、设计的时候，最初可能得不到很多支持和重视，等发展到一定程度之后才可能。那最初在没有人支持的情况下恐怕还要耐得住、能坚持。所以我觉着要多务虚，要开阔思路，找到校内、校外的有识之士，多征求意见、多收集信息，然后认真地研究，找到合适的路径。在现有的轨道上习惯性地运转，这肯定是不由自主地，但是这样是不可能卓越的。

自觉探索有中国特色的教师教育体系

——刘利民先生访谈实录

周雪敏（校订、整理）

访谈时间：2019年9月

访谈对象：刘利民，俄罗斯国立普希金俄语学院俄语专业毕业，博士，教授。曾任首都师范大学党委书记、北京市教委主任、教育部副部长，现任欧美同学会党组副书记、副会长，第十三届全国政协提案委员会委员。

访谈人：王晓阳、黄宇红等

1. 尊敬的刘部长，非常感谢您接受我们的访谈，关于"高等师范教育70年的发展"这个主题，想请教您下面几个问题。第一个就是您在求学期间，我国的师范教育状况是怎样的？

刘利民：非常感谢校友的访谈，特别是我们即将迎来中华人民共和国成立70周年和建校65周年，我觉得你们搞这个访谈活动，对于我们中国的师范教育发展史传承是有好处的。我们很多大学的前身都是师范，后来有了不同的发展。在20世纪50年代，师范院校就更加专业化了，这可能不乏苏联教育体系，特别是其中的师范教育体系对我们的影响。我求学的时候，实际上是在首都师范大学读研究生，在这之前，我读的是一所外国语大学。那个时候对师范院校的理解，它首先是培养教师的院校，所以它的课程设置、人才培养标准，基本上都集中在培养一名合格的教师。

应当说，这些年我们在培养体制的规格上有三个转变。一是有师范院校，我求学的时候，基本上师范院校培养的本科生是面对中等学校（中学、高中）的教师；二是有师范专科学校，它培养的基本上就是初级中等学校的教师；三是有一些中专类师范教育的院校，它培养的就是小学教师和学前教师。这就是我们通常说的老三级的培养体系。时代变迁，特别是从1979年以后，变化就比较大了，今天的新三级不一样了。现在基本上是以培养研究生、本科生和大专生为主。

这与我们的制度设计是有一定关系的。过去我们对教师的要求比较低。我非常清楚地记得我们那个年代，师范学院的某个毕业生说，二年级以后就不太好好学习了。问他为什么，他说，"我现在回去，所掌握的知识比我老师都强"，可见我们当时的师范教育层次低、覆盖得不多，所以像首都，可能本科毕业就是我们的合格师资。到了教育部后，特别是到西部去，我发现中东、中西地区教育最大的差别是在教师上（除了硬件以外，硬件我们能非常容易地把它均衡）。那个时候的教师门槛很低，有的教师学历还是高中，甚至有的地方缺乏教师，初中毕业就可以当教师，这就是20世纪七八十年代的现象。

其实这个现象一直延续到21世纪以后，在边远地区还是这样，这就是为什么2011年我们制定了教师标准。经过调研以后，我觉得我们的教师有需要，因此我们出台了高中教师、初中教师、小学教师、幼儿园教师、中专教师一系列的教师标准，规定什么样的人才能够做一名教师。

因为总体的情况，不仅是我讲的20世纪七八十年代，甚至进入21世纪以后，我们全国的教师队伍存在的问题：数量很大，1700万人，但是它的结构不合理。一是知识结构不合理，很多教师的知识没有达标，大专还达不到；二是年龄结构不合理，整个教师队伍偏老化；三是学科分布不合理，教语文数学的基本够了，但教音乐、美术、英语、体育的教师非常匮乏。我举一个特别的例子：有一年我们举行了一个"寻找最美教师"评比活动，有一位女老师，她教英语，实际上她是语文老师，也没学过英语，但是学校没有英语老师，怎么办呢？她就头一天听录音，第二天上课就讲，这就是我们的现状，这个现状持续到2010年。通过这个例子，大家就可以清楚地感觉到全国的大概状况，它跟首都不一样。我们首都有62%的山区，但总体上教师队伍的结构还比较合理。从全国来看，我们边远贫困地区的教师就是低学历、年龄老化、学科分布不合理这几方面的问题。

我刚才讲了，我们中国政府用了25年普及九年义务教育。如果说从1985年正式启动的话，我们在2011年向全世界宣布普及了九年义务教育，青壮年文盲率下降到1.08%，这在世界上是非常辉煌的一页。但是紧接着，我们就发现差别太大，既有全世界最好的教育——基础教育，比如，上海参加经济合作与发展组织（Organisation for Economic Co-operation and Development, OECD）测试，2009年、2012年两次测试都独占鳌头，这在一定程度上说明我们的教师和教学质量还是上乘的。北京2018年参加了，结果还没有公布，但也是全球领先的水平。那么我们就发现这样一个问题：我们既有这么好的教育，怎么还会出现边远贫困地区那么差的教育水平？

四川的凉山地区辍学率很高，校舍很差，最重要的是没有人来当老师。怎么办呢？我们从2012年起，在全国启动了义务教育均衡发展，均衡发展是其中一个指标。前几个都比较容易实现，比如，投入、校舍。只要经费充足，都比较容易实现。2012年，教育经费也达到了GDP（国内生产总值）的4%。但最大的问题是教师的问题，教师队伍非一日之功，如果不从源头上检测就不会发现问题。当时我国有几十万的代课教师，他们没有身份，有的甚至是初中毕业。但从历史的功劳上来讲，他们解决了那个地方没有教师的问题。但是从办好人民满意的教育的角度来讲，他们是不适合的。所以从这个角度考虑，一方面要把这些老师进行分流，考核合格的进入教师行列，不合格的劝退。其实当时这个举动在全国引起了很大的轰动，香港媒体和一些国外媒体纷纷报道，但不做是不行的。

首先要从源头上解决教师队伍问题，那么源头在哪？教师资格。我当时就跟大家讲，教师资格必须要设。开汽车还要有驾照，当老师为什么不能有标准？所以当时，我们在设立教师标准以后，提出了一个八字方针，叫"国标省考，县聘校用"。这8个字是怎么来的？"国标"就是出一个国家的标准；"省考"是由各省去实施考核；"县聘"就是县城进行人事制度改革，根据省考成绩和各自需求，进行聘用；"校用"就是学校校长来使用教师。方针出台以后，我们开始在两个省进行试点。为什么只选两个省？因为想要在全国推行起来还是有一定难度的。经过试点以后，当时师范院校就有了很大的变化，不管是叫"教师教育"，还是"师范教育"，本质上是一样的，只是侧重点不一样。我记得1979年，当时有161所师范院校，还有一些中专，共200多所。很多师范院校有的升格为师范大学，有的还保留着师范学院的名称，有的还是叫师专。所以，即使用了"教师教育"这个名字，我国教师的主要来源仍然是师范大学、师范学校。

当然这需要一个过程。我相信已经访谈过的几位教授也一定会谈到这个事情。当时转型过快，一些中专要么升格，要么砍掉。其实这是一个问题，但总体上看，这些年师范大学的发展总体呈上升趋势（包括20世纪90年代），这一时期党和政府始终重视师范教育，所以2010年我到了教育部的第一件事，就是把师范司改成教师工作司。过去师范司只管师范大学，改了以后，从幼儿园师资一直到博士生导师师资所有都纳入这个司来管。过去是分在不同的司，为什么要这样？因为除了我们这200所师范大学之外，还有300多所综合性大学，他们也有师范专业。比如，北京大学等学校相继建立起一些教育学院。教师来源的多元化、开放性决定了我们必须这样做。回到刚才那句话，我们为什么要有一个标准？这个时候，综合性大学培养教师，师范院校也培养教师，就会有谁更合适的问题。从专业培养的角度来讲，师范院校应当更能胜任。

但是20世纪90年代还有一个争论，恰恰是在我做校领导时发生的，就是师范性和综合性、专业性的对立。这个其实不矛盾，但要怎么解决？不是说师范院校改成综合大学，就是综合发展了。这些年也有很多师范大学虽然名字还叫师范大学，但招生已经大不如从前。那就是说它可能一半师范一半非师范，也可能2/3非师范，1/3师范。这就是我们的现状。

既然要放开，那么综合性大学毕业生必须参加测试。我们第一次试点下来，那一年参加考试的通过率只有30%，比较低。有人就说考试太难。我说这就对了，如果我们第一次推出考试，人人能过，还要这安排有什么用？一方面，从更大的角度来讲，我们还要吸引有志青年、有才干青年来从事师范教育；另一方面，我们要设一个不高不低的门槛，让一些不具备做老师资格的人，不占用指标。所以当时的八字方针是教育部跟中央机构编制委员办公室、人力资源社会保障部一块儿推出来的。在这8个字上，我们不知道花了多少工夫。

方针提出后，紧接着还有个测试，也就是说，既然面向师范学校以外的人，那就要考虑这些人，有没有稳定的从事教师的态度、思想。因此需要5年考核一次，这5年考核也不难。第一，师德一票否决。因为我发现有些地方，有的老师占了指标，但他不讲课，出去挣钱。这怎么行？第二，完没完成学校下达的教学任务。第三，这点很重要，在职的有没有培训？这5年里在职教师有没有参加培训？如果没有在职培训，也通不过去。所以当时提出这个政策，就是想把不合适的淘汰出去，这是考核关键。也就是说这个教师入口将来都是本科毕业、研究生毕业，也有个别省允许大专毕业。就全国来讲，本科毕业是起点，这是一个政策导向，逐渐会有比较优秀的青年走到这里，而不是像有些地方，当老师就是干部。到县里，有的时候聘用不看你的学历，不看你的能力，不看你适不适合当老师，就先把你聘用了，先进入教师队伍就是个铁饭碗，这是不行的。所以，这个考试制度改革应该说是21世纪比较大的一项改革。在这之后，我们发现有1600多万名专任教师。我在荷兰阿姆斯特丹参加OECD教育部长峰会时谈到教师队伍，我说我国有将近1700万名专任教师，荷兰教育部长当时就说，这是他们国民的数量，因为荷兰人口为1700万人。后又问我对这么一个庞大的教师队伍如何评价，我说这支教师队伍从收入上来说，比荷兰的老师差，但是这些老师兢兢业业，为我们培养出很多优秀人才。改革开放以来，6000多万本科毕业生，不都靠老师培养？这6000多万毕业生基本都是在国内培养的。现在已经不止这个数字了，应该已经接近七八千万了。这个统计数据还在增加。所以就是这样一支庞大的队伍，也有着很沉重的历史包袱。不仅要面向未来，还要让人民满意。

这些年党和政府关注的，也是教育最关注的，就是教师队伍发展。所以当时我提了几条建议，学前教育要加大培训，因为学前教育每年的缺口很大，2010年我们启动了学前教育三年行动计划，幼儿园雨后春笋般成长。2010年，我们学前教育三年普及率是50.9%，到今天，普及率达到81.9%，相当于一年增长3%。这是什么概念呢？现在，在幼儿园的教师已经有五六千万人了。我们幼儿园的教师队伍，建设得很快，为什么建得快？我们当时改造了很多义务教育空出来的学校，中央政府拿了500亿元，拉动地方1000亿元，发展幼儿园硬件。当时没有老师，很多老师是从社会招聘、从义务教育分流出来的，这不叫淘汰，叫分流出来，去从事学前教育。这就是当时的现实。所以我们学前教育需要做大规模，义务教育教师队伍要做强。这个做强的重点是在农村，而农村教师有八九百万。

我们第一年启动从部属6所师范大学开始免费师范生计划，培养了10万多人，20多个地方师范大学也启动了免费师范生计划。2017年开始叫公费师范生，它是对农村教师非常有利的途径，但是制度设计得跟它接轨，因为教师到达不了村小。有的市里说，这么多年，我们都没见过一个这6所师范大学的毕业生，我们的中学和高中需要。虽然签约的时候是到乡村去，但地方师范院校实际去的教师有多少？这些老少边穷地区又怎么办呢？这些年我们搞了六七十万个特岗教师，90%的特岗教师在3年特岗计划后，自愿留在教师岗位。但这些都是临时性形式。它不是根本，特岗教师很多都没有教师证，虽然也是大学毕业。

我记得很清楚，2000年中共中央的一号文件是三农问题。2013年，我就跟农办的同志商量，我说光说农业农村农民，谁教育农民？你得把农村教师加上。于是在2013年的第一号文件里，提出了为老少边穷地区村小以下的教师提供补贴。当时我们跟财政部商量的是一种奖补政策，在过去都是拨钱。现在是奖补，什么叫奖补呢？省政府和县政府先掏钱，掏完了报告，再给你奖励补助。

2014年，习近平总书记到了北师大后，我们按照总书记的要求，提出了一个"乡村教师支持计划"，影响力较大。一方面，总书记提出"四有好老师"；另一方面，就是我提的"乡村教师支持计划"。为什么叫乡村教师支持计划？因为要给农村教师普遍涨钱，800多万人，这笔钱算不下来。村小以下的那些小学校、教学点特别艰苦，有的老师走过去几千米，然后就在学校一个星期，一个月的都有。给这些人解决，可能就一师一校。最后就体现在300万人上。所以不叫"农村教师计划",叫"乡村教师支持计划",几字之差,差的数量极大。

所以我觉得,这些都是我们根据中国实际国情,根据教师教育的发展,采取的一系列促进政策。当然特别是农村教育,因为建设社会主义新农村也好,城乡一体化也好,都是必须要做的。我做过统计,当城乡一体化到了52%的时候,我们学生的城市化率远远高于这个数字。那说明什么呢?说明农村孩子离开了农村,到城市去上学了,家庭条件好的上省会,家庭条件一般的上市区,家庭条件差的上县城。这样,农村学校就人走楼空了。这些年城里学校大班额屡减不消。因为有需求,本来一个班的标准45~50人,也实在容纳不下60个人,但实际上,80个人的班都有。作为老百姓来讲,有钱了,首先得让孩子受到好的教育,认为县里的教育就比村里的教育好,认为到市里就比到县里好,所以我就总讲,让人民满意的教育这个过程是无止境的,也是一个动态的过程。

如果这个时候不把农村学校办好,不把农村教师稳住,那最后农村学校就没法发展。所以提出基础教育要评教授级,这就是正高。针对农村教师实际上我们采取了组合拳的方式,也就是说从职称评审、待遇留人这方面下功夫,义务教育的教师工资不能低于公务员的工资。从这一点来讲,义务教育的教师我们进行了加强,幼教的教师也要加强。还有职业教育,我们就要加强双师型教师。不过,因为职业教育的特点,不能将知识技能完全传授出来,就不是合格的双师型教师。对于高等教育,我们关注的是青年教师的成长过程。除此之外,还要从师德角度来引导,对他的住房、职业发展、职称评审等问题都要关注。这都有文件可以查,当时出台了很多文件,来保证教师的成长,比如,关于农村教育,我们特岗教师,都做得很棒。也要拓展方法,去村里以后1个月回不了家。作为边远地区,宿舍条件很差,怎么办?在农村土地较多,可以建周转房,中央政府拨款,地方要配合。有的地方就能用足政策,把周转房和经济适用房结合起来，老师就有一个稳定住处，而不光是周转了。所以这也是稳定老师在边远贫困地区的方式。一般中央财政拿一部分，地方掏一部分，因为过去就是这样，原则上：西部地区——中央八，地方二；中部地区大致相当；东部地区有的不给，有的给二。这是一个差别化的政策，当然近几年财政政策也有所变化。普遍都打包转移支付给地方，由地方来支配。

我记得 2015 年我们组织了一个薄弱学校改造，有些学校看着很豪华，但到了边远贫困地区，学校房屋四处漏风，非常破，窗户就是塑料布。我去了，我说你这基本建设在哪？玻璃没有，都是平房，女孩子连个遮挡的也没有，那怎么行啊？门都是坏的，根本关不上。因此，基本建设必须要做。所以有了三年行动计划。中央财政筹了 2600 亿，拉动地方 2400 亿。这个事应该在去年完成。这些年我们常讲一句话，农村里最好的房子就是校舍，这个应该能做到，经济发展得好，财政投入要上去，要关注硬件条件。有一次，我到秦岭山区，随手看到路边有个小学校，我停车下去查看，学校的设备挺好，白板装备得很好。城市里有的学校还没有呢，起码县城里还没有，因为我们装备优先给最基层。但是问题就有了：这些白板谁来用？我们那些老师他不会。比如，这些边远山区的老师，年龄偏大、学历结构又不行，智能手机都不太会用。那怎么办？当时还有一个政策我没讲，我们组织开展了一个国培计划，培训了 700 多万人。开始大家很骄傲，因为特别解决问题。后来就差了，为什么？好学校或者是稍微年轻一点的教师，不能这样培训。这个北师大和清华都有培训点。所以针对性有问题，之后我就提出了一个建议：像这些老师，他用信息化手段，用现代教学设备不行的话，你纳入国培计划培训一个礼拜，你看他会不会开机？会不会关机？会不会基本使用？等你揭开绸子布的那天，新的一代又出现了，差距就是这么大。所以这硬件虽然很重要，但关键还是人。

我曾经写过一篇文章，讲教育现代化，首先是人的现代化。教师不现代化，学生何谈现代化？这是关键。所以这些年，师范大学一路走来，注重职前职后一体化培养，应该说一直致力于培养和提升我国教师队伍素质，并不断提供新鲜血液，这也是今天师范大学仍然生存且发展好的一个最重要原因。很多人说师范院校要不要砍掉，我说就中国的现实是不可以的。这里我非常明确地讲，中国特别是基础教育的教师，主要来源仍然是师范大学。

所以师范大学必须办好，师范就是它的特色，就是它的优势。我们为什么把师范司改成教师司，也是这个道理。应该说改革开放特别好，特别是中长期发展规划从2010年启动以来，我们一环扣一环，主要关注的还是教师。党的十九大前夕，教育部部长陈宝生同志让我带队去做调研。当时中央就让我们去京津冀，而不是去陕甘宁，因为毕竟是老区，相对欠发达。

我刚才讲了很多基础教育的实例，那高等教育存在什么问题？有的时候，人的成才环境很重要，你给了环境让他成了才，你就留不住他了。这是大学的困扰。我跟宝生（教育部部长）讲要不要出一个特殊政策。我们农村有农村教师职称系列，那有没有西部学者这个系列？你在西部，我给你这个起点的政策，但是你离开西部，那就不是了。像这个就是很大的一个困扰。这些年，有些地方异军突起，过去好的大学少，现在好的大学多，过去没有什么大学，现在发展得很快，经济发展决定效益。其中就是政府怎么宏观指导、怎么引导，给什么样的政策、给什么样的支持非常重要，我们正常的人才流动是应该的，但是非正常的人才流动，如果不抑制，有些学校的发展就会受到影响。

从基础教育一直到高等教育，实际上就面临着以上问题，这就是我们的现实。这些现实问题告诉我们，过去我们曾经学过苏联的师范教育，改革开放以后，我们也关注过美国的教师教育，这些办法并不适合我们的师范学院。毕业以后你去哪个大学的教育学院学心理学、教育学，或者"4+2"的模式都有，这些都可以，但这都不一定适合。所以说到底学什么？我觉得我们要有中国的自信，要自觉地来探索一条中国教师教育的发展途径。事实上，我觉得我们这么大体量，世界上没有哪个国家有2.6亿学生。我们学前教育现在就有4700万左右的在校幼儿，今天我们义务教育是1.4亿人，高中阶段还有3000万人。现在我们要普及高中阶段教育，难在哪？不是数量，而是许多高中教育质量不高。特别是现在，我们从2014年推出新高考改革，这个改革最大的一个特点是对教师培训的要求，是不是所有省份都做了，都准备好了，或者我们师资队伍都能适应这个新方案。我看目前还是有差距的，过去我们就是传授知识，应试教育，然而这不是我们教育的本质和真谛。我们要立德树人，要多样化培养人才。

我们的高等教育从2000年起步，实际上跨入了世界最大规模的高等教育阶段，这些年教育发展显著，人均受教育程度极大提高。我们现在的劳动力，已经超过1亿人接受过高等教育。现在高等教育从精英化到大众化，往这个方向走得非常快。对我们来说，现在确实要仔细地想一想，我们要提高教学质量，冲击"双一流"，核心问题就是我们的质量。办好职业教育，现在核心问题是教师，质量问题都归结在教师。尽管这些年，我们的基础教育从规模上、质量上都有很大提升，但是整体水平还需要很大提升。在这种情况下，我觉得各级政府还是要继续关注教育，特别是关注师范教育，要出台政策、提高教师待遇，真正使热爱、有志教育的城市优秀青年能走上教师岗位。仔细想想，确实有些师范院校就是拖底，考不上一本、二本，考个师范，这样师范教育怎么能够培养出最杰出的人？你不培养最杰出的人，这些人怎么能把学生培养为更杰出的人？这是一个闭环，必须把它打破。中央高度关注教师意见，努力营造全社会尊师爱教的氛围。作为师范院校也应该趁势而上，利用这个机会，不断调整自己，把自己的办学水平做强，把自己的人才培养能力提升起来，最终要解决过去提出的综合性和师范性等矛盾的问题。

巴黎高师为什么就没有提综合性和师范性问题？巴黎高师是世界上大家公认的一流院校，那是我们师范院校的一个旗帜，到今天也没有改变。我前两年去法国访问，它的教育部长跟我讲："巴黎高师、桥路学院、工程师学院，你们都觉得不够大学，很多家长就不让孩子报这些学校。"我说："你可以改名叫精英学校，叫工程师精英学校，加个'精英'可能对外界影响就不一样了。"这个可能有道理，因为过去它们一直没有改变过。这些年，一方面发展得快，另一方面我们确实追求这种升格，真正务实提高质量的很多。所以这个也算是对的。

2. 您在首师大当书记、副校长那么长时间了，其间您觉得首师大当时经历了哪些比较重要的发展改革举措，有什么经验教训？虽然在北京市有一定影响力，但"211"评给了北工大，首师大就没被评上。

刘利民：您提这个问题呢，应该从历史角度看。是这样，当时我们首都师范大学所处的位置是在地方，在北京市的地方院校里比较靠前，但是比起北工大，那显然，一个城市只能上一个，北工大上了，首师大就没有进入，当然我一直认为首师大是准"211"的。我记得张雪做书记的时候找我组织了个省部共建，我们跟北京市共建。当然这是矛盾的，也是一种提升。这有它的历史问题原因、制度性设计原因，所以没有进去。也就是说，跟我们比较的系列，坐标在哪？是地方高师。我们当时就看南京师大、湖南师大，好像这些院校是我们长期以来比翼齐飞的院校。其实我到了北京市也好，到了教育部也好，一直很关注首师大的发展，这些年发展得很健康很好，特别是北京市对首师大的支持力度，是其他学校不可比的。我就讲过，我们现在使用的经费，已经不少了，那我们就应该有更好的发展，总体上这些年发展是非常不错的。历

98

届的党政领导和师生都很努力，所以首师大的地位在地方高师里是一直处于比较靠前、领先的地位，这点还值得欣慰。另外，首师大是唯一一所从来没有对师范专业学生收费的学校，从全国看这就是唯一。但是这些年，在2011年总理讲话以后，北师大、东北师大、华东师大、华中师大、陕西师大、西北师大这6所学校启动了免费师范生计划，去年就改成公费师范生。从这个角度看，北京市委、市政府对首师大还是关心挺多的。师范生不收费，实际上对于生源和质量还是很有好处的。

其实应该说，这个政策是一个正面政策，它会让一些家境稍微贫寒的家庭优先选择这种学习方式。我们有个数据，这6所师范大学招收的约10万名免费师范生（现在改成公费师范生），高考平均分数比以前提高了40分，总体上还是很好的。当然这种政策作为制度设计，跟我们的财政拨款制度有关系。我理想的师范是把它做成公费以后，不拘一格降人才，谁自愿去，等毕业了到中小学去、到贫困地方去，再免学费也不迟。但我们现在有时候先给了，他要不去怎么办？因为政府的财政拨款就这么多。当然，现在我们教育财政状况逐渐在改善，这种情况下，公费师范生增多，有好处。我到首师大工作以后，确实发现像您说的，地方性的、北京市属的师范大学，对北京市的中小学教育贡献特别大，可能也是无与伦比的。包括北师大的贡献，也没有首师大对首都的中小学教育、基础教育贡献大。所以这个可能是它特别大的一个优势，包括市级优秀特级教师、正高级教师，校长，首师大毕业的也是最多的。所以我觉得这个可能是咱们学校一个非常好的优势，应该保持。

我做过一个调查，一方面是由于我们学校的定位是为北京市服务，所以在北京的基础教育这个领域，大概60%都是首师大的毕业生，这里面也出了不少杰出的教育工作者。但是形势也在变化，有一些大学，包括人民大学和北航（北大、清华我觉得不多，北大也有，清华不多），可能跟它的工科设置有关系，有不少毕业生到北京市比较好的重点高中任教，也很优秀，这个我非常乐意见到，但是这对我们师范院校也是一个挑战，所以我们要迎头赶上。因为学生的起点不一样，你想考上那些大学的学生的起点可能会高一些，加上后期的培养。首师大近几年基本上稳定在一本，就是入学的成绩还有一定差距。但考虑到这个因素，后来这些年培养的学生总体还不错。

3. 刚才您谈了我们现在的教师教育体系，尤其新时代以来，我们既不要学习模仿苏联的，也不要太学美国，我们要构建中国特色的教师教育体系。那么您觉得我们中国特色的教师教育体系，应该是什么样子？

刘利民：其实，您提的这个问题是非常大的，因为它跟我们整个的教育改革相关，就是有什么样的教育，需要什么样的教育。我们教师实际上是变化的，过去我们的教育主要是要照顾规模发展，是照顾有学上，这是个低层次的要求。现在要上好学，要提高质量，那对教师教育就是一个很大、很高的要求。我们常讲，现在是智能教育的时代，4G还有很多人没用好呢，5G已经到来了。那5G到来以后，会是什么样的教育呢？比如，我们过去师范院校设置的现代教育技术系，现在教育技术系所教的东西适不适应新时代的要求。因为现在学校的设施设备是突飞猛进的，像深圳的白板已经更换五六代了，那你去了不会用怎么行。我们有很多老师不会用，当然也有过度使用的，都用白板多媒体也不一定好。

但是呢，这就说明要求不一样。我们过去是工业革命时代的要求，工业化时代要求是标准化要求。我们现在进入了新时代，将来5G时代给我们提出的要求可能更多是以学生为本，有教无类的问题基本不大存在了，更多的是因材施教。做到因材施教，对老师的要求非常高。我们的老师还是习惯于一本书，一个课堂对着一群学生一讲就完了。那这个学生群体里有理解快一点的，有掌握慢一点的，你怎么通过个性化教学解决这些问题呢？5G给我们提供了一个好的平台，你驾驭得了吗？所以对将来的教师教育的期待，那就是教师教育一定要站在科技革命这个新的起点上来推动教育。

如果说我这些年一直讲教育现代化，那首先教师队伍要现代化，第一就是理念。理念不转过来不行，你如果有了理念，技能是可以学的。所以，我们未来的课堂不是知识的传输，更多是立德树人，教会学生思维能力、动手能力。这个就对我们师范院校提出了非常高的要求。考试制度改革已经提出了多样化的问题，那我们的教师能不能适应这个多样化？比如，走班制为什么在有些学校推行不了？教师队伍、校长的领导能力还不高，这就是现实问题。

我们教育什么好，这点还是外国人告诉我的。2009年我们国际学生评估项目PISA（The Program for International Student Assessment）测试得了第一名以后，这些国家很重视，请我们教育部长去纽约曼哈顿参加峰会。因为我主管这块，也一起去了，去了以后，我记得中午吃饭，所有代表都得在这边，因为没有其他时间了，就说："辛苦你了。你坐台上，你先别吃，大家底下提问题。"当时有一个美国教授就说："刘先生，这个中国学生参加OECD竞赛，一举就拿了第一名，对我们的震动不亚于1957年苏联第一颗人造卫星上天。"我说："言重了吧？"他说："不是，你想这些孩子15年以后得多厉害。"我说："当然了，我开个玩笑，这些孩子别都上这来就行。"那么就是说，他实际上看到了人才竞争。我也跟他说："你看你们数学奥林匹克竞赛队，美国队清一色都是华裔孩子。这说明什么？我们中国是一个古老的尊师重教的大国。尊师重教，加上政府重视、老百姓支持、家长用力、学生努力，还有老师非常敬业。"当然，会后我就和上海的同志说："这个事儿，你们先不要大张旗鼓地说，咱这是第一次得第一名，第二次万一不行呢，咱们心里也没数啊。这位先生，你不要以为中国的教育都是PISA测试第一名啊，我们只是来了上海的，我们还有西部地区的。所以这个现象我只能告诉你：第一，中国的基础教育是上乘的；第二，中国教育由于它的发展不平衡，还有相对滞后的教育，不能用上海的模式来管窥，要看到我们全部的情况。"

结果很快，3年以后见面，我们又取得第一，我说："你们要总结我们有哪些不足。比如，我们就测试3项：阅读、科学、数学。数学我们遥遥领先。这跟老祖宗留给我们的智慧还是有关系的。乘法口诀朗朗上口，这是老祖宗留下的。数学我觉得总体没问题，但是阅读我们有没有问题？我们学生优势在于美文欣赏，什么唐诗宋词、散文，这些咱们学生都厉害。但是你要读一个应用型的，比如，电器说明书，你读这个电器说明书存在问题，这就是差距，我马上告诉你，教材调整，增加这方面内容，让几年以后的学生在阅读过程中学到电器的一些科学。总体我们学得不错。但是你会注意到国外，现在科学的教学模式和教学内容已经发生革命性的变化，它是大的改变，而我们还是讲一些基本的观点。这些东西，它哪个好，哪个不好，还得研究，因此你们要专门去研究这些事。"

中国家长老说我们的教材太难了，包括我指导我的孙子，有时看着他做作业直到半夜。算个数据，相比教育发达国家，我们不是最难的，我们难易程度不高，第7至第9名。但我们掌握的程度更高，为什么？我们花的单位时间比别人多4倍，这就是差距。同时我们还有刻苦啊，这是我们的优良传统。我们的家长也很可爱，我说："郎朗你们都认识吧？郎朗他爸爸为了郎朗成名成才，辞了工作。在座的美国家长可以做得到吗？你做不到！"美国教授说："刘先生你读没读过一本书，叫《虎妈战歌》。讲了一个华裔的女教授，一直在美国，有两个孩子，女儿是个学霸，又多才多艺，长得还漂亮。你说什么是成功之道？"我说："你们是不是认为中国都是虎爸虎妈呀？中国大陆现在都是猫爸猫妈。怎么讲？那个时候还是独生子女政策，还没放开二胎。每家就一个，你看谁舍得打？没有。都是用他的亲情来关爱，花大量时间陪他读，就这样培养下来的。当然了，首先政府这块，我们'两免一补'，我们给贫困生经费，这都是政府做的。"

但是美国还有一个专家，他发现他们还有一点是不可比拟的：教研室、教研员。因为他剖析上海的教育，他就发现上海教研很厉害，实际上这种教研通过集体备课，让教师的教学水准都能达到相对统一、相对较高的层次。我还没跟他讲，我们还有一个基础教育水平监测系统。在北师大，每年1000万元用于检测东、中、西地区有多大差别。其实这些都是我们制度性的优势，这点他们做不到。当然，教研员，这也是苏联的传授，但他们现在不用。而我们现在大城市都在用，像北京、上海这些地方，我觉得这个应该是我们跟教师教育相符的一个好的传统。我们教师爱岗敬业，这是别人比不了的，拿着不高的工资，但是兢兢业业。这种事例非常多，我也给他们讲，他们都很感动，说中国教师太可爱了。

4. 最后一个问题，您经历了从学者到校长，再到北京市教委官员，再到教育部的管理者这样一个转变。从您的角度来说，这四种不同的身份让您对师范教育的理解有什么大的差别？

刘利民：如果没有首师大那些年的工作和学习，我可能对师范教育的理解不会那么深刻。虽然我所学的不是师范教育，但是在这个氛围里，特别是当了领导以后，就会考虑学校的发展。当时我提了两条建议：首师大要坚定不移地高举师范的大旗，坚定不移地为北京市的基础教育服务。

我到了教育部，这两条就演化成了对所有师范大学回归师范本质的要求，仍然是坚定不移地为基础教育服务。不能把传统优势丢了。有些师范大学，如果放弃了师范，就没有特色。别人也在发展，你半路出家，就想把师范大学改了，一举成为综合性大学，我相信有这个奇迹发生，但不是普遍性的，这需要很多天时、地利、人和的因素。所以，总体上，我们这200多所师范院校，还是要本本分分地做好教师教育，做好教师的职前培训、职后培训。这一点，市场已经看见了。

开放、灵活、多样的教师教育体制是
我国教育改革的必然选择

——王长纯先生访谈实录

王天晓、孙启用（校订、整理）

访谈时间：2019年9月

访谈对象：王长纯，教授，原首都师范大学教育科学学院院长。

访谈人：黄宇红等

黄宇红：王老师您好，非常感谢您接受我们这次访谈。您能不能回顾一下在您求学期间的师范教育是什么样子的？

王长纯：说起求学期间的事，就得回到1958年以前，我是1961年考入北京师范学院的，它是首都师范大学的前身。那个时候我到这个学校来就一条公交线——26路。下车以后到处都是菜地、玉米地，然后进入这样一个像是"农业社会的一个孤岛"的北京师范学院。

我进入北京师范学院，在外语系俄语专业。当时北京师范学院刚刚建立7年，我是俄语专业的第二届学生。我们来的时候，很多同学都想不通怎么会被分到这个学校来呢？这是什么学校？然后就有些同学觉得不太好意思，学校要求把校徽别在衬衫左上方，但是很多同学受不了，就把这个校徽别在裤腰带上。后来我们回忆起来，觉得当时来到北京师范学院学习实际上是一件很荣幸的事情。来到这样一个比较集中专业学习，对学生学风和生活都有很高要求的学校，对大家来说是个锻炼。我们这几个常见面的老同学，比如，有国家著名社会学家，还有国家著名的太阳能专家，还有香港的侨界领袖等，我们这些人在一起聊天的时候就觉得，我们要感恩北京师范学院，因为在这里我们得到了熏陶，得到了锻炼，得到了考验，我们能够面对将来生活、工作的更严峻考验，也使我们在人生中走得更坚实一些。这是当时进校后和现在感受的对比。

实际上那个时候，我们正好赶上两届领导班子。一个是时任校长和党委书记的杨伯箴为首的领导班子，一个是冯佩之校长为首的领导班子。这两届领导班子在很严峻的情况下，克服重重困难，把当时新建的高师院校办得红红火火、扎扎实实。那个时候我们学习、生活都有外部制度的严厉约束和老师亲切、严谨的专业教诲，所以感触都很深。当时我是俄语专业，俄语专业一大批老师都是很优秀的俄语教育家。他们不少是因为曲折的经历被分到师院的外语学院来工作的。他们极其敬业、极其能吃苦，又非常热爱学生。可以举个例子，大二的时候，天气很热，期末时，我们午睡起来就发现门口有凉水镇过的西瓜。那是一位对我们要求很严格的老师齐春子，为了给我们解渴、解暑，很用心放的，给同学们留下了很深刻的印象——有严格的要求，但又有很温馨的关怀。

当时的领导从杨伯箴院长倡导坚持党和国家提出的对大学生的要求，到冯佩之院长提出"红透专深"更进一步的要求，同时还有相匹配的、对同学有温度的关怀。我有个亲身体会的例子，1964年，我当时在红旗楼上课，下午从红旗楼出来，向校门走去，这时候冯院长的车在后边停了下来，他说："同学，上课时间你要干什么去？"我说："我到复兴医院做理疗。"冯院长说："那行，你上车吧，我送你去。"然后他让司机把我送到复兴医院做咽部理疗。我觉得这是个很小的事，但反映了干群关系、师生关系。我觉得是既有严格要求，又有温暖和关怀。这是我们那一代人不能忘怀的事情。

当时学风也很好。我们在红旗楼上课，红旗楼前面的山我们叫花果山。清晨，在花果山周围、红旗楼周围都能听到外语系同学们琅琅的读书声，大家学习都非常刻苦。晚上按时熄灯、早晨按时起床，起床以后就到操场去锻炼，锻炼完了以后吃饭、上课，节奏非常紧凑而且有规律。所以经历了这种严格学习、严格要求的锻炼和考验，为未来的工作提供了一个坚实的基础，这包括专业基础，也包括心理基础，同时具有克服困难的意志、韧性。所以我们这些同学在聊天的时候，都说应该感恩北京师院。

黄宇红：您在北京师院的这段经历我听了以后觉得非常温馨，现在回忆起来您依然是历历在目，那么当时您入学时，北京师院的培养目标是完全以师范教育为主吗？还是说是有非师范的专业呢？

王长纯：这牵扯到另外一件事情。刚才我说的是我进入学校，第一次接触高师院校教育的自我感知，以及我们这一届学生的感知。但是并不是说这里边没有问题，没有曲折，没有值得借鉴的教训。因为这牵扯到我们在政策层面、理论研究层面经历的一种认识过程，一种和国际局势相适应的变化过程，所以这点可以之后再谈。

黄宇红：好的。那您是什么时候开始从事高等师范教育相关工作的？

王长纯：我个人的人生经历可能比较曲折，我从北京师院毕业以后，因为我是学俄语专业的，被分配到中国和当时苏联交界的省份。为什么呢？因为准备打仗。我作为后备人员分到吉林省，在吉林省中学战线上工作了17年。我们那个时候正是"文化大革命"时期，所以也经历了一些锻炼和考验。但还是有10多年的时间在中学工作。当时就是把大学老师教的东西都用到实践中去，但是专业变了。因为那时候基本不开设俄语，一开始我做过外语教研组长、语文教研组长、文科召集人。在这个阶段，我比较冷静客观地去反思或者观察我国高等师范教育在实际教育教学中存在的问题。后来到了1982年，我被分到当时的长春市教育科学研究所，这个研究所是和长春教育学院合署办公。当时正在大张旗鼓地开展补偿教育，也就是学历达标的教育。长春教育学院由彭真同志题词。它主要是面向整个吉林省，进行大学本科和专科的学历教育。

从1978年开始，我们国家的教育战线在发生着深刻的变化，这个变化主要是我们国家政策的变化。具体来说，就是我们上学的时候，有句口头禅叫"一工交二财贸，腾出手来抓文教"，教育是最不重要的。但是随着邓小平同志在全国教育大会上的讲话，教育一下子在人们视野中凸显出来。那么到了1985年5月，公布了《中共中央关于教育管理体制改革的决定》。这个决定的第二自然段第一句话就是"教育必须为社会主义建设服务，社会主义建设必须依靠教育"。你看教育有多大分量，能够被依靠，这跟过去完全不一样。所以我感到很震动。由此我接下来的研究志愿就是教育，也因此对教育很感兴趣。那个时候长春市组织举办了长春地区教育干部学习"三个面向"的一个座谈会，我参与组织工作，也参与了主持。我就感受到"三个面向"对基层干部的巨大震动，同时也激发了教育基层干部巨大的教育改革热情和积极性。过去有个电影叫《激情燃烧的岁月》，我觉得在20世纪80年代，1985年《中共中央关于教育管理体制改革的决定》公布前后，正是我们这一代人在教育战线的激情燃烧岁月。

那个时候大家都很有劲，起早贪黑，为什么？为了把教育搞上去，为了实现四个现代化，目标很明确。那时候也不要补助，我就是以这种教育思想的变迁为话题，参与当时的长春教育学院主办的教师培训工作和后来在东北师大的教师培训工作，传播当代教育思想的。因为我记得在 1985 年教育体制改革决定中有一段话，用三个很不够来批评我们当时的教育，第一个很不够，就是对教育思想、教育内容、教育方法改革的很不够。我做了 10 多年的老师，给我感触最深的就是一定要完成教育思想观念的变化，才能真正切实地推进教育改革的发展。所以我在 1990 年把之前的成果集中整理了一下，由吉林大学出版了一本小册子《现代国外教育家群简论》，提供给中小学领导和高师院校的同学们，希望借此来推进教育观念的转变。

这个阶段我的主业还是比较教育，所以在东北师大的时候我教研究生的课程也是泛柏拉图研究。同时，我也参与了东北师大举办的教师培训培养活动。后来兼任东北师大国家基础教育研究中心国际部副主任，就是考虑怎么能够经过国际对话交流，推进国内中小学教育与师范教育的协调发展。在此期间，史宁中校长主持的东北师大中层干部会议，请我去讲当代教育思想研究，我觉得这项工作很重要，我也觉得这个能用教育思想传播的方式来推进教育改革深化，也是一件有意义的事情。

东北师大办学有很多很好的经验，如凡是高师院校的本科毕业生，要想进入东北师大工作，获得批准以后，首先要到中学去试教两年，必须要有两年的连贯的中学教学经验，才能回到东北师大执教。我觉得这一点很好。为什么呢？因为我在中学工作期间，就发现大学老师对中学教育不了解，他们对中学教育从宏观上指导可以，但是具体进行教学的示范、微观的教学研究，我觉得差一些。而这个"差一些"恰恰妨碍了微观教学改革的深入进行。所以我觉得东北师大这项政策很好，这也是我们现在很多高师院校里搞学科教学的老师缺乏的一课——没有中学教学经验。所以当时我对东北师大这个做法感到很钦佩。

后来东北师大和辽源市政府建立合作区，由东北师大支持辽源市的各级各类教育改革和发展。签订协议不久，20 世纪 90 年代，我国提倡素质教育。辽源市教育局以市政府的名义制订了一个素质教育改革方案，我就带队到辽源市去了解他们的方案，共同讨论，同时参观学校。我觉得这些活动，作为高师院校来讲，能够拓展办学思路，不再是书本对书本、老师对学生，而是面向社会、面向基础教育实践，面向基础教育实践的这些干部、老师和学生，我觉得这一点也是很好的。

1997年，我来到了首师大。首师大那时候在做"211"建设，说需要人。我要来之前，正好顾明远老师在东北师大，我送他的时候，他说："等你到首师大的时候，你等我电话，我要跟你谈一谈。"我到首师大后不久，他专门找我谈了一次。谈论时间不短，但是核心内容就一个，就是说我从东北师大到了首都师范大学，这是地方院校，记住要为地方教育服务，这一点应该时刻牢记。顾老师的这个提醒，或者说这个告诫，我一直记在心上。我觉得这是指了一条路，一条地方高师院校发展的基本途径：立足实践，为地方教育服务。

我在东北师大工作的时候，发现了一些问题，包括教学内容比较陈旧、教材比较陈旧、教育方法比较陈旧。但这些问题不是这些老师的问题，老师们都很努力，这是宏观教育发展使然。所以到首师大以后，我觉得教学改革是很重要的。当时我来的时候，教育系让我做教学委员会主任。我觉得教学是很重要的事情，这个想法和当时的校长杨学礼老师意见很一致。然后1998年他让我在本部的大会议室对学校中层干部做了一次高师院校教学改革的报告。报告结束后我做了反思，因为我是做比较教育出身。就在这个时候，我感觉到好像有机会来了，什么机会来了呢？发达国家不约而同地搞教师专业化，就是以教师专业化为先导，去促进教师教育的改革、深入和发展。教师专业化实际上就是把教师教育相关的教育基本理论的研究，也包括各个学科的教学法研究、学科教育研究，有机地结合在一起，这是一条很好的出路，也为教育基本理论建设提供了很好的背景环境和条件。在这种情况下，学校让我做刚成立的教育科学学院院长工作，我正好借这样一个机会思考怎么解决教育学科的发展问题，特别是教学和发展问题。结论是：目标是教师专业发展，途径是到实践中去。

那个时候我提出了建设教育发展服务区的思路，这得益于东北师大的经验和顾先生的嘱咐，就是要为地方服务。于是，我就抓一个区，抓一个相比西城和东城发展稍微薄弱的区，在那个地方我们教科院试一试、做一做。后来《教育研究》觉得这个想法很好，他们就发表了一下。在建设教师发展服务区的过程中，我们就把教师专业化的问题引进来，并镶嵌在教育发展服务区这个大的活动中去，所以我们建立了教师发展学校。

我提出这个建设教师发展学校后几次申明，这事和美国的教师专业发展学校不一样，虽有借鉴但又不一样。因为我个人觉得教师专业发展应该是在一般发展基础上，教师首先是人，首先是人的一般发展，然后在此基础上才有专业发展，最后才是一个完整的人的发展。所以我提出教师发展学校的建设，而不是教师专业发展学校的建设。这项建设得到了教科院当时很多老师的支持，我们带这样一个团队和丰台教委、丰台教科院、丰台教育教研室做了很多对接，做了很多跨界合作工作。大学老师对基础教育可能不了解，对中小学上课太生疏，但我们可以先熟悉熟悉、听听课、评评课。

后来我退休了，这时候由其他同志接着去做。退休之后，顾老师让我去做中国教育学会教师发展学校建设工作，所以我去了很多地方做教师发展学校工作。到了2013年，河南省教育厅让我去做他们省十所教师发展学校示范校的授牌和讲话。由此也看到了我们当初做的这些工作有了一定的社会影响，得到了社会认可。这些工作也得到了当时师范司的袁振国司长，学校的领导，包括杨学礼校长、刘新成校长等人的支持和帮助，没有领导的支持和帮助，这个事情也做不成。

我们觉得这项工作还是很重要的，所以退休后回过头来做了一些理论的思考和研究。2004年，张斌贤老师让我过去做他们教师教育研究中心的专职研究员。我通过这些工作，对于高师教育的发展或者教师教育的发展应该如何实现的问题有了新的体会：首先应该面向实践。我觉得这项工作是很有意义的，但是我们不少大学教师缺乏中小学一线工作的实践，这不是说要他们抛弃理论，而要在实践中去理解并创新教育理论。现在时髦的英美教育话语叫作扎根实践的教育，或者扎根实践的教师教育。我觉得我们那段工作实际上对于推动学校的教师教育有一点影响，就得益于抓住了走进实践这一点。之后的学院领导班子的继续坚持和发展，扩大了这种影响。也很高兴看到现在的首师大仍然在坚持并扩展这种多方合作，建设了各种形式不同的教师教育共同体。这是很有意义的道路，这个会给高师教育的发展带来很广阔的前景，包括理论建设，也包括实践的创新。

黄宇红：刚才王老师提到了高等师范教育的改革、创新实际上得益于国家整体政策的改变。当然我们都很清楚，从中华人民共和国成立以来，我们的高等师范教育经历了从封闭向开放的转型，那您怎么看待这种转型或者这种政策的制定？因为不同的人有不同的看法，比如，顾明远老师认为我们中间大方向是没有问题的，但其中走过部分的弯路。他对取消中师是非常有看法的，这个问题接着另外一个问题，就是有些人提到当今以美国为代表的师范教育走向综合化，没有专门的师范学校来培养教师的这种情况，那么我们中国的高等师范教育将走向何方？是否有存在的必要性？我觉得这两个其实是一个紧密相连的问题，在此，想听听您的看法。

王长纯：我觉得高师院校的产生，实际上也是国际形势的产物。因为1949年中华人民共和国成立的时候，正好是冷战时期，以美国为首的帝国主义阵营，以苏联为首的社会主义阵营，这两大阵营尖锐对峙的时期。我们的政策呢，当时一边靠、一边倒，倒向苏联。那么苏联的师范教育系统是什么样的呢？它们有师范大学，比如，莫斯科师范大学、列宁格勒国立赫尔岑师范大学（现为俄罗斯国立师范大学），这个系统下面有师范学院、师范学校等师范教育机构。后来我们就有了这样的师范教育体制。

1949年12月，我们召开了第一次全国教师教育工作会议，会议的重心就是改革师范教育。1952年7月16日，有了第一份关于高等师范院校建立的决定。那么建设高师院校就成了改造旧教育的一部分，而建设高师院校就是向苏联学习，在建设我们的高师院校教学计划的时候，实际上是由苏联专家亲自指导。那么高师院校这种教育有什么优缺点呢？这个历来是"公说公有理，婆说婆有理"，一直在争论。那么这里我切入另外一个事情，就是国家政策对这个问题的认知，可能会导致高师院校发展的这种曲折。

1961年，教育部提出一个问题，就是高等师范院校应该达到综合性大学本科水平。这个政策要求是什么意思？他们这个隐喻实际上一是没有把师范教育看成专业；二是高师院校内那些数理化专业水平还有待进一步提高，这些专业影响到教育质量提高，所以要加强对口专业建设，这是一种声音。之后做了反思，觉得这个对于师范教育还是很有必要的，这就是矛盾。其中还有很极端的说法，比如，在师范性和学术性之争中，在我上学的后期，就有人提出来，师范性就是毒性。要提高教育质量，就要铲除师范性。所以我上学期间，系里就开始逐渐且坚决地压缩实习时间、压缩教育学和心理学课时，从压缩到删除。所以我们那4年，绝大部分精力是放在本科俄语专业上的。那么这带来一个问题，就是那个时候的人才培养是受制于政策影响的。因此，应该说当时毕业生的教育科学理论的水平不高或者很低，这是实事求是。

那么后来又有人讲教育是科学，需要科学研究，我们搞了社会科学规划办公室，还有教育科学规划办公室。在这种情况下，我个人就想，既然教育是科学，那教育本身就应是专业。20世纪80年代初，国家开始建立教育学各种硕士点、博士点，从这方面来讲，教育就是响当当的专业，就是响当当的学术。为什么说还要延续学术性和师范性之争？那言外之意这里就有逻辑不自洽的情况，也就是矛盾。师范性是不是就没有学术性？实际上我们冷静思考，在教育科学发展不成熟，或者教育科技发展水平比较低的情况下，可能会产生这种情况。但是教育科学发展逐渐成熟的情况下，它的学术性逐步增强，那就不应该用学术性与师范性非此即彼的思维方式来考虑问题，反之，"师范"有中国文化特质，不可替代。

1996年，我写过一篇文章《简论当代师范教育发展的基本特征》，谈到教师教育的学术性和师范性的高度平衡性。当时我还没有认识到这个问题实际上在学术上是有漏洞的，在逻辑上不能自圆其说。能否授予学士点、硕士点、博士点，还有博士后流动站，这是一个学科的学术问题，不能用师范性掩盖这种学术性，但是也不能因此取消师范性，这需要深入讨论。

这个（问题）随时间推移到现在，从20世纪末到21世纪，我们对这个问题的认识应该加强教育理论建设。我认为这是高师教育面临的一个很严肃的问题。加强教育理论建设不像以前那种方法，不能闭门造车，不能远离实际，也不能和政策搞同一化，那都不是教育科学应该做的事情，还是应该认真地探索教育规律。我个人认为我们特别缺乏在基本的教育规律和具体的，甚至细小的教育实践之间搭一个桥。那么这可以叫作中层理论或者微观理论。我觉得关于这部分实在是太欠缺了。

我举个例子，无论是数学老师、英语老师，还是科学老师，都可能有这样一个问题，我怎么接触学生？我刚毕业我怎么接触学生？怎么接触男生，怎么接触女生？怎么接触学习好的学生？怎么接触暂时看起来调皮捣蛋的学生？有一些学生是很难让人接受的，这个问题我怎么去解决？这些都需要回答。一些教育学只关注大的问题、宏观的问题，所以有时候教育的问题往往可成为街谈巷议的对象，有时议论漫无边际。学这些东西以后，和实际沾不上边，更谈不上理论的力量。所以我们需要建设这种理论，一边是探索教育基本规律的态度，一边是教育具体行为的研究。我觉得搭桥很重要，就是我们需要这种教育中层理论，需要做微观理论研究。这一部分是我们在教育理论基本建设中很欠缺的。前不久看到芬兰和美国教育发展情况，就觉得现代教育学的发展越来越微观、越来越细致、越来越具体了。从教育理论角度来讲，甚至关注到老师在讲课时应该如何使用语言。我们教育学不研究这类问题，我们教育学研究的是教育方针、目标、本质等大问题，很少关注这些最接近实践的教学问题。所以我认为教学实践应当是我们教育研究领域的一个重要方向。

话说回来，观察这样一些现象之后，我们发现在教师教育大学化的背景下，高师院校越来越大学化，有些综合性大学也在关注教师教育。不知道各位是否注意到？近年来以高师院校命名的文件并不多见。这都是可以理解的事情。另外，2018年出台的《教师教育振兴行动计划》，有一个细微的表述问题。这里讲的就是教师教育院校，而不是高师院校，也不是其他院校，这些东西都说明决策层有一定深入的思考。顾老师的这个想法，主要是面对国情如此复杂，东方不亮西方亮这种情况，一刀切完全取消师范学校，是不合适的。东部地区虽然很先进了，但我们到西部地区发展有差异，有的地方还是很困难的，把师范学校硬升格变成师专，这是不切合实际的。另外顾老师还有一个意见，就是一刀切地砍下所有的教育学院是不合适的。我觉得顾老师这些想法都是对的，在我们政策制定过程中可能考虑到差异性不够。不过从长远来看，我认为灵活、开放的教师教育体制是不会变的。首先，将来可能会有更多的综合性大学会建立教育系或者教育学院，来创建并提升教师教育质量。

到现在为止，还有一个不争的事实，就是不少综合性大学的本科毕业生比高师院校毕业生专业教学质量要好，这是不能回避的问题。这反映了师范大学在本科教学方面，在除了教育学院和教育学科之外的其他学科水平，的确有很大的提高空间。而这很大的提高空间，可能还得假以时日才能够实现。这是一个值得思考的问题。我认为现在关于究竟怎么做还不能下定论，还需要冷静研究，简单下结论是不行的，结论产生于调查研究之后。

黄宇红：很难和其他学校相比，您说这是因为师范院校里加了所谓教育学课程吗？

王长纯：这不是教育学影响的，是这个学科本身的发展基础、发展环境和目前发展所具备的条件与应有的要求之间还有些距离。你刚才说美国搞综合性大学，那是20世纪50年代。当时科南特就是要使教师成为学者，培养学者型教师，所以美国全国的师范院校几乎是很快取消了，改成综合大学的教育系，正好解决了教师应是所教学科的学者问题，也就是学科质量的问题。但是随之而来的就是学者并不一定擅长教书。所以后来美国就提出要培养教学专家、临床专家，而不是学者，就能解决实际问题。科南特特别提出了临床教授的概念。所以20世纪70年代美国关注教学能力的问题，出现了微格教学。但是只考虑教学能力是不行的，后来从20世纪80年代逐渐提升到要教师专业化。开启了一轮国际范围的教师教育改革热潮。

黄宇红：高等师范教育未来有没有前途？我们的前途在哪？

王长纯：从概念本身来讲，高等师范教育就是培养具有高等教育水平教师的教育。那么从这个意义上讲，高等教育、高等师范教育应该是"万岁"。但从狭义来讲，就是1952年关于高等师范院校规定的文件里的第二条、第三条。第二条讲的是结构，高等师范院校包括师范学院和师专。第三条讲的是培养目标，就是高等师范学院培养高级中学教师或水平相应的中等专业学校教师；另一个是师专，就是师范专科学校，培养初中教师或相当水平的初级学校教师。从此诞生了目前这个教师教育机构系统——师范教育机构。实际上我们刚才已经隐约提了这个问题，国家的政策也在发生变化。这个政策不是一成不变的，刚才我说的关于高等师范学校的规定，就是教育部的文件，实际上当时文件里没有提及师范大学，在后来的文件上，才加了师范大学这个词。

我国提出开放教师教育体系的是2001年颁布的《国务院关于基础教育改革与发展的决定》，这份文件提出要完善以现有师范院校为主体、其他高等学校共同参与，培养培训相衔接的开放教师教育体系，这就意味着我国教师教育政策发生了重要变化。随后出台的《国家中长期教育改革和发展规划纲要（2010—2020年）》则明确提出了构建"开放灵活的教师教育体系"的改革目标。所以我觉得我国很多有识之士早已经认识到了教师教育大学化是一个趋势——一种特殊的高等师范教育，就是大学化的教师教育。

印度是20世纪70年代开始的，要求小学教师学历达到大学专科水平。所以我觉得，到了教师教育振兴行动计划中间，谈到的教师教育院校，用意是很深的，而且更开阔。其实不只是原来的高师院校去培养师资，有的综合大学也要逐步增加教师教育专业。无论从国家需要来看，还是从将来教育市场发展来看，都有这种可能性。我觉得我们关心的不是哪一块利益被切割，我们关心的应该是教师教育质量如何能够稳步提升，建设教师教育强国，能够真正实现教育现代化，这才是问题的根本。

黄宇红：建立教师教育强国，进入世界水平教师教育行列，您认为我们现在有没有亟须解决的几个问题？

王长纯：问题肯定是很多的。实际上教育发展离不开国家政策指导，国家政策指导和变化对国家的教师教育发展至关重要。之所以人们愿意把国家政策看成国家理论,是因为它对教育的影响是至关重要的。从进入21世纪以来,我国就一直在关注教师专业发展,这就抓住了世界基础教育发展的总趋势,这是一个机遇。因为我记得2010年,我国就开始制定学前教师、小学教师和中学教师的专业标准。当时我参与的是中学教师专业标准制定,但是那是一般的标准。基于这个一般标准又陆续制定了数学、外语等学科教师的专业标准。今后国家只要坚持抓住教师专业化、教师专业发展的势头,不断提升教师教育的质量,就会带来很好的教师教育发展前景。

同时,从高师院校本身来看,能够创造条件实现创新发展。作为高师院校、作为大学、作为一个教育研究者和一个高等院校老师,要考虑到美国、考虑到其他国家,更要考虑到怎样为世界教育发展贡献中国教育力量。因此,对教师来讲,不应该只有教科书的视野,还要有全球视野。我们的学科教学、教育心理学的教学、教育研究方法的教学或者教育哲学的教学,都要有全球视野,要参与或超越,就得了解对方是什么水平,所以全球视野很有必要。

另外一点我觉得也很重要,就是扎根于我们中国的实际。不要满足于在宏观上说说,应该争取在微观上做努力。比如,微观教学理论的研究。如果我们解决不了教室里的问题、解决不了学校内的问题,那会影响全局,影响教师教育全局、影响基础教育全局、影响国家发展全局。英国人萨德勒曾经就讲过一句话:校外的事情比校内的事情重要。那么现在回头来讲讲这个问题,我们搞不好的话,可能校内的事情比校外的事情还要重要。所以我们在长期习惯关注宏观快速效益之后,教育理论的研究、师范教育的发展、教师教育更深层次的扎根和开花结果,可能更应该需要这种微观教学和中层教育理论的支持。

黄宇红:现在我们师范教育已经变成了教师教育,对教师的素质有了更高的要求,您觉得当今对教师素质的要求应该有哪些?

王长纯：这个问题很难回答，比如，教师的问题实际上是一个核心问题。百年大计，教育为本；教育发展，教师为本。这是很重要的。但是我有个想法，我做了十几年的一线教师，有很深刻的体会，包括后来做大学教师。中国的教师队伍应该是中国各行各业中一支很优秀的队伍。我为什么会有这种感触？比如，在"文化大革命"时期，我曾经在一个山村中学教书。那里都是土坯房的教室，窗户都没有玻璃，用不透明的塑料薄膜当窗户。东北的冬天很冷，我们就去烧那种玉米棒子。我们农村的中小学老师恪尽职守、教书育人，就在那种情况下，还每天翻山越岭去上课，让我感动至深，这体现了我国教师所具有的朴素的教育爱。

我觉得我们对老师的评价，不能因为网上有负面消息，就好像所有老师都如此。网络时代有一个媒介道德的问题，我们怎么看待这种媒体传播的一些东西，怎么使它不放大，使它能如实地反映实际，这实际上也是个问题。2012年之前，我经常到中小学去听课，跟大家交流。我觉得老师可能会有怨言，工资低、负担重、要求高。但是一进入这个教育教学情境，老师还是老师。我作为老师来讲，我就希望能够把对老师的尊重，切实地落到实处。另外就是给老师更多的工作宽松度，行政部门不要以各种各样的评估办法、评语办法去束缚老师。

面对当前教师教育的改革，特别是师范教育向教师教育的转变，这是一个重要的转变过程。对师范生和中小学教师来讲会有很多新要求，除了要进一步继承和发扬刚才说到的我国教师的这种优秀品德外，还要加强自身的专业修养，理解教育教学是专业，要具有专业精神、专业态度、专业知识与能力。特别要形成"教学研合一"的专业生活方式。

讲到中小学教师要做研究，我觉得要认真理解传播已久的"教师成为研究者"的口号。从我到首师大之后，我一直讲一个问题，怎么让教师做研究，不是到处都是让教师成为研究者吗？这种斯宾豪斯的说法成为一种口号。幼儿园的大墙上写着教师成为研究者，但是我们把它简单化了，以为老师做研究者，就是像大学老师和机构那样，申报课题，做系统的理论研究，然后变成什么家、什么者，其实完全不是这么回事，其实所以我们会错意了。

  记得当时在东北一个市召开了课程改革专题会议。会议期间，我们参观某个小学，满墙全是老师成为研究者，我认真看了，不禁要问这个科研成果有多少和老师上课有关系，有多少和课程内容有关系，或者与哪位暂时后进的学生的教育有关系，好像都没有，而且很多内容我觉得似曾相识。我就跟校长说，这个事难为老师了。累了一天了，还要求做这个事情，完成这个作业。我觉得这不应该展览，展览不太合适。还有很多地方就是教师公开发表论文，成为刚性要求。这个口号是一些大学老师借过来的，但是没有弄懂、没有分析。其实正是这些人对这个问题的认识、理解，影响了一线老师、一线领导、一线行政工作者的判断。后来我在中国教育学刊当执行主编的时候，有一次一个大学老师发过来一篇文章，就是讲美国教师怎么成为研究者，我觉得这是符合目前中国某些地方行政机构的需要的。看了以后，我说这个事我不太明白，请你回去核查一下这些美国老师的文章在哪儿发表的。他说这是老师们在教学研究交流会上发表的。在经验交流会上或者成果交流会上发布自己的经验、想法、设想，老师很轻松，没有压力，讲真话、讲实话、讲自己的研究心得，这很好。所以我们在很长一段时间内，对国外的一些口号没有理解好，就变成了一种行政行为要求老师，使老师产生职业倦怠，是要不得的。

  师范教育向教师教育的转变既对中小学教师素养提出了新的要求，也对大学教师教育者素养提出了要求。主要体现在两方面：一是高师院校要重视并参与我国教师教育理论的建构。我们一直在关心师范生怎么教中小学生，却忽视要研究教师教育者怎么教师范生，这是一个大问题；二是希望国家政策能创造条件使教师教育者有机会进入中小学教育教学现场，切实懂得中小学教育。

最后我想说一下，首师大的教师教育在最近十多年来取得了长足的发展，在全国也有了很大的影响。我作为一个研究者，或作为一个高校的老师，也希望我们的学校在未来，在教师教育工作中能取得更大的成就，为我们国家乃至国际的教师教育做出自己的贡献。谢谢！

探索高等师范院校改革的新路径

——宋乃庆先生访谈实录

周雪敏（校订、整理）

访谈时间：2019 年 9 月

访谈对象：宋乃庆，教授，博导，重庆市人文社会科学重点研究基地基础教育研究中心主任，教育部西南基础教育课程研究中心主任，中国教育学会副会长，国家基础教育课程教材专家工作委员会副主任，全国高师数学教学专业委员会副理事长，国务院政府特殊津贴获得者，国家级教学名师，原西南师范大学校长，原西南大学常务副校长。

访谈人：周雪敏

1. 您是从什么时候开始从事与高等师范教育相关工作的？都进行了哪些主要工作？

宋乃庆：我是 1982 年毕业留校以后，开始担任本科生的数学教育、基础教育的有关课程教学；其后担任硕士生与博士生的数学教育、基础教育课程教学以及研究工作；后来还与博士后进行合作科研工作。这些年来，在王秀泉、陈重穆先生的引领下，我们进行了《大面积提高初中数学教学质量》的教改实验，进行了《提高初中数学课堂教学效益》的实验研究，前后编写了九套中小学的数学教材，其中有四套成了国家规划教材。

值得一提的是，2016年，我们受国家商务部委托，很秘密地编写了南苏丹的课程标准、南苏丹的小学数学教材、南苏丹的教师用书，得到了南苏丹教育部专家团队的高度好评，得到了他们委托的第三方、英国和中国三方的高度好评。这是我们为基础教育服务所做的工作。

在教改实验中，我协助陈重穆先生，研究了在义务教育阶段的数学教育，发表了《淡化形式，注重实质》一文。这篇文章发表后，现在的引用量已超过200次，而且，《淡化形式，注重实质》也为我国义务教育课程标准的修改提供了参考，同时在数学教育界引起了强烈反响。这篇论文在1998年还获得了教育部的人文社科三等奖——这是数学教育论文唯一获奖的项目。

我们还组织了多个团队，做数学教育、教育统计。我们完成了教育部国家人文社会科学的科研课题、人社部的博士后的重点课题，就是基础教育测评模型。比如，学校特色发展的测评模型、青少年体育动商的测评模型、学生课业负担的测评模型等，我们做了十几个测评模型，都得到了学界和社会的认同。

1998—2011年，我先后担任西南大学的副校长、校长，也担任西南大学的常务副校长，其间，我思考了我国教师教育发展的一些重要问题。

2. 您在相关工作中主要经历了哪些有重大意义的事件？

宋乃庆：第一，在我印象中，我工作以后，有几个重大事件对高等师范院校的发展有重要影响。一是1986年《中华人民共和国义务教育法》的颁布；二是1993年《中国教育改革和发展纲要》的颁布；三是1994年《中华人民共和国教师法》的颁布。这把我们的师范院校上升到了国家战略层面，让全社会对师范教育开始重视或者更为重视，而且促进了高等师范院校办学的系统化、规范化和科学化。

第二，1992年，国家提出市场经济，一方面，高师中有一些老师开始"下海";另一方面,也让我们的高等师范院校认识到,高等师范教育,不仅要为基础教育服务,还要为市场经济的发展服务。

第三,1999年,颁布《中共中央国务院关于深化教育改革全面推进素质教育的决定》,这对我们整个高等师范院校的发展有重大影响。这对师范生提出了更高的要求:当老师不是去当应试教育的老师,而是要做素质教育的促进者、推进者和组织者。

第四,2001年,国家开展的第八次基础教育课程改革,是我们国家规模最大、最全面、最深入的一次课程改革,一直持续到现在。1999年,我参加了国家基础教育专家工作组,我在其中体会很深。

第五,2007年,开始实施的免费师范生政策。到2018年,我们国家把"免费师范生"改为"公费师范生",这对我国的高等师范教育是一个非常大的引领。以至于全国20多个省、市都开展了公费师范生的培养工作,而且给整个高等师范院校带来了新的生机、新的活力,具有很大的推进作用。

第六,2017年,党的十九大提出中国特色社会主义进入新时代。在这个过程中,习近平系列讲话"四有"好老师、"四个引路人"、"四个相统一"、"四个服务",已经成为我们高等师范院校培养教师师德的理念,成为办人民满意的教育观念的思想引领。我们正在积极按照中央部署,建设党和人民满意的、高素质、专业化、创新型的师资队伍,这是我们当前新时代的新要求。

3. 您在工作期间,师范教育政策经历了怎样的变化?又产生了什么样的影响?

宋乃庆:我记得我们的师范教育政策,发生过以下一些重大的变化:

第一,我认为,师范教育明确提出"为基础教育服务",这个政策对整个高师院校是一个非常重大的引领。1985年、1996年,两次召开的师范院校的全国中小学师资工作会议，以及第五次全国师范教育工作会议，都强调了为基础教育服务。1977年，全国小学老师缺60万人，而中学老师缺200万人以上，所以国家大力发展师范教育，这是当时的一个重要方向。到2018年，我国的小学老师在编的已有600万人左右，初中老师已有360万人左右，高中老师已有180万人左右。这就是改革开放以后一个巨大的变化。和1949年相比，我们的小学老师数量增长了6倍多，初中老师增长了60多倍，高中老师增长了100多倍，所以师资规模发生了巨大变化，而且师资水平也发生了巨大变化，老师的服务意识也发生了很大变化。我记得，1996年，全国师范院校中，全国最早进入"211工程"的大学是东北师范大学，《光明日报》发表了一篇社论：《高举为基础教育服务的大旗》，东北师范大学就是率先高举为基础教育服务的大旗，所以最早获得了国家的认可。

第二，师范教育正在由封闭式走向开放式。过去的师范教育，是完全沿袭苏联的方式。我们当时是中师、专科和本科，而后来，我们逐步改成了专科、本科到硕士。现在，全国已经有几百所高等师范院校，这个高等师范院校是广义的，包括综合性大学也在做师范教育，比如，西南大学、扬州大学、苏州大学，都在为师范教育做积极的贡献。现在，我国积极鼓励综合性大学积极培训老师，这也是国家从封闭走向开放的表现。

第三，我国把职前培养和职后培训一体化，打破了过去职前培养和职后培训二元分离的状态，这种教师教育的发展，极大地推动了高等师范院校的改革。

第四，高等师范院校办学层次在逐步提升，办学质量也在稳步提升。我刚刚已经谈到了，一方面，高等师范院校已经从过去的学历结构到现在有了重大的发展、改变；另一方面，高等师范院校在人才培养模式上、在教师素质的发展上，也有了很大改革和发展。现在多所师范院校，都建立了教师教育研究中心、信息网络中心，为高等师范院校教师教育的发展助力。

第五，我们高等师范院校正在聚焦"重师德、提质量、调结构、提效益"，这也是我们高等师范院校贯彻中央的决定，贯彻《国务院关于加强建设教师队伍建设的意见》所采取的行动。特别是党的十八大、十九大以后，高等师范院校更是根据党中央、国务院的要求，根据教育部的部署，正在从职前到职后，打造"师德高尚、业务精湛、结构合理、充满活力"高素质、专业化的师资队伍，而且这支师资队伍，根据现在的要求，还要有创新，要改变传统的教学方式。我觉得这些政策的变化，对高等师范教育发挥了积极作用。

4. 您认为高等师范教育在经济与社会发展中的作用和地位如何？

宋乃庆：我认为，高等师范教育在我国经济与社会发展中起了非常重要的作用。因为高等师范教育是为基础教育服务，基础教育是我们整个教育的奠基性工程，所以师范教育是我国教育的奠基性工程。而且特别值得一提的是，我们的高等师范院校，培养的是一批又一批高素质的中小学老师，他们是我们整个教育的"母机"，我们的基础教育和国外还有一定的距离，现在正在缩小这种距离。然而，要缩小这种距离，高等师范院校的责任和作用就会更加凸显。因为老师的数量多，如果老师的素质不够，就会贻误后人。所以我们目前要进一步加强高等师范院校的职前培养和职后培训，对1000多万中小学师资队伍，起着重要的甚至是决定性的作用。

5. 您认为目前高等师范教育还存在哪些亟待解决的问题？

宋乃庆：我刚刚谈到了，我国的高等师范教育已经发生了很大的变化，有了很大的进步，但是，我们反思发现高等师范教育还存在一些不容忽视的问题。

第一，我们的师范性在某些地方被弱化，特别是职前培养的这些大学生，他们的教学技能、教学研究能力，他们先进的教学理念、教学行为和创新性的工作方法，我觉得体现得还不够。

第二，高等师范院校如何用科研引领教学，如何用教学促进我们高等师范院校研究的发展，这两者还不够。

第三，高等师范院校相关政策，特别是公费师范生的有关政策、公费专业硕士生的有关政策，非常值得调整和修改。

第四，某些地区的高等师范院校的教育教学地位有所下滑，有些地方对高等师范院校重视不够。

第五，高等师范院校的内涵发展还不够。高等师范院校如何以人才培养为核心，这个人才培养，就是培养高素质的师范生；如何以学科建设为龙头、以科学研究为支撑、以服务为宗旨，这个服务就是为基础教育服务的宗旨。这些地方还需要加强。

第六，小学全科教师的培养和培训是我们全国高等师范院校发展一个需要好好研究的问题、一个需要好好进行改革的问题。

第七，如何进行学前教育的大规模发展和学前教育在职老师的培训，高等师范院校如何来担当这样的重任。

第八，高等师范院校和全国高校普遍存在的问题，就是学生的思想政治教育的方式问题，也就是说，我们怎么用很好的方式去很好地引领学生，让学生能够接受。

6. 您认为当代高等师范教育的未来发展方向都有哪些？

宋乃庆：我认为，我们当前高等师范院校，在改革方向上，应当遵循党的十九大"新时代、新要求、新征程"对师范教育、教师教育提出的新要求。应该根据习近平总书记提出的"四有"好老师、"四个引路人"、"四个相统一"、"四个服务"培养老师。我们还应该遵循中央提出的，"建设党和人民满意的高素质、专业化、创新型的师资队伍"，这就要求我们对现有的教师教育、师范教育进行重大改革，进行转型，要适合新时代的新要求。我特别认为，要从几个当前的重点、热点和难点中去探索这些改革与发展。下面我就小学全科教师的培养谈一点我初步的看法：小学全科教师的培养是我们当前高等师范院校改革的一个重点和难点。国家2012—2018年连续出台的4个文件，都涉及小学全科教师的培养，说明这个问题很重要。但是这个问题并没有解决好。那么首先我们要明确，小学全科教师是什么，它包含了哪些内容和要求。

我们要把小学全科教师发展为人民满意的好老师、受老百姓欢迎的好老师。要真正体现习近平总书记提出的"四有"好老师、"四个引路人"、"四个相统一"、"四个服务"。

在小学全科教师的培养中，非常重要的就是要有先进的理念和师德，培养他们掌握多学科的知识和技能，完成多学科的教学技能和教学研究，这样才能为他们成为新时代人民满意的好老师打下更好的基础。

当前高等师范院校未来发展方向的一个着力点，就是学前教育的扩招和学前（幼儿园）教师的大规模培训。2012年，国务院出台了学前教育的专门文件。到2018年，又以中共中央国务院的名义再次发布《关于学前教育深化改革规范发展的若干意见》，其间，中央、国务院、教育部发布了6个以上的文件，说明这个问题非常重要，而且这个问题也很难解决。

学前教育的问题诸多，其中最重要的是跟发达国家的差距很大。我们义务教育普及率与巩固率和发达国家基本相当，而且办学质量也在不断提高。我们的高中教育（包括普通高中和职业高中）正在和发达国家快速地缩小差距，再过几年就会和发达国家完全持平。

我们的学前教育和发达国家还有很大差距。主要有以下几个问题：

第一，学前教育普及率低，欧美国家学前教育普及率大多在95%左右，而我们到去年为止，普及率在81.7%。

第二，我们的公办学前教育和普惠制学前教育离老百姓的要求还很远,还远远没有达到中央、教育部的要求。

第三,我们的学前教育师资严重不足。我们经过专业培养的学前教师远远不够。2018年,我们去西藏山南浪卡子一个县城最好的幼儿园进行调研,12名老师只有两名老师经过专业培养,其余全是转岗过去的,师资严重短缺,经过专业培养的师资只有40%。另外,我陪教师司黄司长在四川凉山州调研,其中一个学校这两年从几十个学前班的学生发展到466个,而老师只有12个,按国家的标准配备,至少需要40多个老师,缺额老师是3倍以上。

第四,学前教育的办学条件,好多地方还不完全具备。很多地方幼儿园的占地面积,还有生均教室面积,都远远没有达到国家的基本标准。

第五,学前教育在办学管理上还很不规范。最近这些年,很多幼儿园频频发生事故。

对于学前教育的发展,作为高等师范院校未来发展的一个方向,我提出几个建议:

第一,首先国家要尽快立法、立规。尽快保证学前教育大规模发展,既要有序发展,又要高质量发展,所以要有专门的学前教育法,就相当于我们的《中华人民共和国义务教育法》。学前教育更应该受到保护和关注,教育部还要有进一步规定。

第二,高等师范院校要尽可能调整条件,要大力扩招学前教育专业的学生,现在部属师大的办学情况还好一点。很多地方院校也在不断改变,但是学前教育的师资不够。因此,可以用综合的方式,用校校合作的方式来解决扩招的问题。

第三,在学前教育发展中,实施一种互动机制、帮扶机制和联动机制。一些有学前教育优质资源的学校,多帮助一些周围的学校,甚至多帮助中西部地区的学校,大力发展学前教育的师资,大力扩招学前教育专业的班级和学生。2019年，时任国务院总理李克强提出，扩招100万高职学生，这对高职来说又是一个春天。我们也希望国家能再下决心，学前教育协同作战，继续扩招。

第四，学前教育，要改变过去传统的培养模式。过去的模式，是关在教室内学习；现在学前教育的学习，一方面是理论学习，另一方面也要走出高校，走到幼儿园，与幼儿园老师相结合，更好地了解幼儿园老师的有关工作，更早地让学生参与幼儿园老师的工作，在工作中、实践中提高师资水平。

第五，建议全国的高等师范院校开展职前培养和职后培训，多担一些学前教育的培训任务，采取多种方式，集中培训、网络培训。同时还要大力发展民办教育的培训机构，大力发展网络教育的培训机构，促进学前教育在培训中更好地发展。

第六，调动各方面力量，大力发展学前教育。一方面要发展公办教育，发展普惠制教育；另一方面，要鼓励社会力量，积极创办学前教育。

第七，要加强对学前教育的质量监控。学前教育的质量监控是我们学前教育健康有序发展的保证。在大力发展学前教育的时候，要加强对它的监控和管理，这是有力的保障。

第八，还要积极加强学前教育培养、培训的经验交流。通过这种经验交流，促进学前教育更好地发展。而组织这种经验交流，就需要高等师范院校把它作为工作的一个任务，作为为基础教育服务的一个任务去进行。这样就能更好地推动学前教育健康有序发展，让我们的学前教育成为人民更加满意的教育。

我认为未来高等师范院校还要针对公费师范生、公费专业硕士培养的问题进行改革。这个方面的问题很多，也很突出，亟待调整。当然，这个问题我们已经向（教育部）教师司、研究生司报告。

如何处理好双专业是师范教育的关键

——谢安邦先生访谈实录

黄宇红、刘泽旭（校订、整理）

访谈时间：2019年9月

访谈对象：谢安邦，教授，博导，现任澳门理工学院教授，曾任华东师范大学教育科学研究院党委书记、高等教育研究所所长。主要研究方向：高等教育原理、高等教育管理、比较高等教育、教师教育、学位与研究生教育。

访谈人：黄宇红、刘泽旭

黄宇红：您求学期间的师范教育是什么样的？

谢安邦：我是恢复高考后第一届大学生，考入华东师范大学历史系。恢复高考以后，为了尊重知识，尊重人才，当时对教育特别重视。

当时华东师范大学在校长刘佛年教授的带领下，在教育方面主要进行了三个方面的改革：

第一，将教育方面的各个学科组合起来，成立了教育科学学院，这是当时全国最早的教育科学学院，这样就把教育学、心理学和教学里面有关教育的其他学科组合在一起。

第二，不只是教育系培养教师、培养中学的教育工作者。刘佛年校长把各个系的学生组合起来，建立了一个教育科学班，叫教科班，就是从学校的8个系里面抽调学生组成一个教学班，来进行教育方面的学习。这些学生既有自己的学科背景，又在学习教育理论，更有利于他们教育教学的推进。我就是在这种情况下，从历史系，与当时其他七个系包括生物、地理、化学、数学、物理、政教、历史系的同学一起进入教科班，开始从历史学转到教育学。

第三，把很多教育实验统一起来。原来华东师大有关幼儿园的实验、小学的实验、初中的实验是分开的，数学、化学的教育实验也是分开的，刘佛年校长把这些事情组合起来形成一条龙。

这是三个比较大的教育方面的改革，我就是在这种情况下参与到这个过程的，从此走上了研究教育的道路。

至于当时为什么重视师范教育，是因为华东师范大学是师范院校。另外，当时有一个很大的背景，就是把教育作为非常重要的基础性资源来重视，如果要推进教育的话就要普及义务教育。1986年，颁布了《中华人民共和国义务教育法》，其实在这之前，做了很多的调研工作。我们也参与了全国各地的调研工作，主要是研究如何促进这个教育政策，怎么来定法律。通过调研，我发现确实存在问题，其中一个很大的问题就是义务教育有大量的需求，但师资队伍面临非常大的问题。主要体现在：一是"文化大革命"时期没有专门的师范院校，师资几乎是没有补充，为了解决这个问题，为了应付当时的教学，临时招了很多人到师资队伍中，那些非师范院校培养的学生也充实到教师队伍里来，这就带来了很大的问题。二是不重视原有的师资队伍，师资队伍也不稳定。当时公社书记对教师说，"你好好干，我将来可以让你当一个营业员"，那时营业员的地位比教师还要高，教师的待遇很差，所以教师队伍数量不足。

面对普及义务教育需要培养大量合格的师资，师范教育要改，那要怎么改？20世纪70年代末，尤其是20世纪80年代初，要培养合格的师资，要尽快扩大师范教育，形成一个稳定的师资队伍，这是当时面临的一个最大问题。经过"文化大革命"后，师资队伍本身不稳定，当时采取的一个措施就是将工农兵学员临时抽出来，学一年以后就去当教师，主要把中小学课程开发出来。在这种情况下，师范院校大规模地发展。当时按照教育部的规定，分为三个层次：培养小学教师的师范学校，即中师；培养初中教师的师专；培养高中教师的师院或师范大学。当时师范大学这样的学校很少，教师要达到学历要求，即达到高中水平或中专水平教小学，师专的教初中，本科的教高中，按照这个不是很高的要求来说，当时师资队伍差距还是很大。其中做得最差的是初中的教师，20%左右的教师达不到学历标准。

针对学历不达标的问题：第一，就是扩建，几乎全国都是地区建中师，地区建师专，中心城市建设本科的师院，六大区域建师大。第二，就是大量需要培训，对教师队伍中冲进来的一大批没有经过师范教育培训的教师、在第一线花了很多工夫仍达不到合格要求的教师、影响教育质量和发展的教师进行在职培训，从而又建立了另外一个很大的体系，在中心城市是教育学院，然后是教师进修学校，形成了一个很大的在职教师培养培训体系。所以在整个20世纪80年代，为了形成这样一个合格的教师队伍，师范教育得到很大发展，这是花了很多工夫的。

当这两个体系建立以后，20世纪80年代到20世纪90年代初，就面临师范教育质量的问题。当时国家和政府非常重视师资队伍建设，采取了一些措施稳定师资队伍，如1985年设立的教师节，就是为了提高教师队伍的地位；后来的《中华人民共和国教师法》，要求教师要有教师合格证，就是为了保持教师队伍的专业性，让不合格的人不能进到教师队伍中；教师待遇有了一定的设计，比如，教育津贴、班主任津贴，规定义务教育教师工资一定要比同级别的公务员高10%等。采取这些措施，虽然看来力度不是很大，但还是很重视教育的，提高了教师的政治地位，稳定了这支队伍。我就是在这个时候参与到这个调查和规划师范教育当中的。

下一个阶段就是如何提高师范教育本身，使教师队伍专业化，因为稳定教师队伍的本身要认可这支师资队伍，而专业化是认可这个师资队伍的关键，所以当时我很关注教师这个职业的性质问题。当时西方也是很差，在20世纪50年代，为了保持教师队伍的专业性，西方很多研究者对教师职业进行了研究，教科文和世界劳工组织开大会，把教师定为一个专业。我很重视提高教师队伍本身专业性的问题，我觉得要保持教师的专业性，就不能让其他队伍冲进来影响教师的专业性。

按照我的研究，为了保持很多政策的连贯性、队伍的专业性，那就要分析应采取哪些措施，来做哪些改革。从体制上来说，我国的师范教育是一种定向性、封闭性的制度。就是专门的院校来培养教师，而且是定向的，毕业后到中小学教学。为了保证这点，采取公费制度，还有服务制度，就是在学的时候，国家给一定的费用，然后毕业以后一定要进中小学当教师。这种封闭定向的制度对我们当时要大量扩张、维持和支持师资队伍的稳定性，推进义务教育起了很大的作用。但是，如果放开来看，这种封闭、定向体制也会带来一定的问题，其中比较大的问题就是一些西方国家在反省过程中发现的结论：这种体制虽有好处，但其学术水平相对较弱。因为教师教育是一种双专业：一个就是必须掌握专门的学科知识，也就是教什么；另外，还必须要掌握怎么教。同样四年，因为要完成这上面两个内容，很显然，师范院校和与其相当的综合性大学相比，专业知识上就比较弱一些，所以在现实过程中，出现很多这样的问题。很多中学喜欢要北大的，虽然中学也希望有北师大的。上海也是这样，当然欢迎华东师大的，但也欢迎复旦的、交通大学的。因为来自综合大学的那些教师，虽然刚刚开始的时候，因为没经过培训，他的教学技术能力较差，但是其潜力很大，发展到后面往往会成为教研组长，因为他掌握了深厚的专业水平，这个是客观存在的现实。西方存在这样的问题，他们认为要维持教师的高水平，采取了"4+1""4+2"的办法，也就是由综合大学培养专门知识，如果要当教师的话，再经过一年或者两年的教育学科学习，这样的话，教师的学术水平就很高，当然工资会配套，因为多学了1到2年，工资待遇比较高。这种模式也曾经在我们的国家推行过。

第一，解决双专业培训，现在有两种重要方法。第一种方法为混合制，也就是把专业教育和师范教育组合在一起。它有它的好处，它培养出来的学生对师范教育要求的那些东西掌握得比较好，很容易对口，但是专业知识达不到那些综合院校的水平。第二种是西方采取的方式——合成制，就是第一步先解决专业学科知识，然后要当教师的话再加以学习，这是一种合成，就是把双专业合成起来。当然两种体制都有各自的优点和缺点，关键是在体制上如何调整教什么和怎么教。

第二，就是我们建立了两个系统，一个是职前培养体系，一个是在职培训体系，这两个体系的领导机构是不一样的，职前和职后培养基本是分开的。针对职前、职后分离，提出了师范教育走向教师教育，这不仅仅是概念上的改变，恰恰是把教师作为一个整体的专业化过程的一种思考，就是教师教育不只是师范教育的前提，还包括很长的一个专业化的过程。职前培训培养和很长的职后培训综合起来，形成教师教育专业化的发展，所以教师教育比师范教育更容易反映整个教师发展的本质。当时提出教师教育一体化的时候，即职前和职后的培训组合起来，根据每个阶段教师发展的需要来调整课程，师范院校的课程和在职培训的课程统一起来，其实还是有很大的影响的。师范院校在双专业处理上，其实是不够的。师范院校教育方面的课程主要有三方面，教育学、心理学、教学法，只占10%，很少，再加一点实习，一共10周，所占比例也很小，就这样的比例要成为一个精通教学的教师，路还很长。它有很长一段时间要在在职期间完成，但是师范院校的课程没有和后面这些组合起来思考，所以是不利于教师发展的。在这种情况下，需要一体化。

整个师范教育体制的改革：一是定向、封闭和开放组合起来；二是一体化，要把职前培养和职后培训组合起来，这样对教师教育的整个发展有益，从而提出了教师发展这个概念。20世纪八九十年代国际提出了教师发展概念，认为教师发展是一个很长的过程。就教师的专业发展而言，学4年的师范教育是不够的，即使大学生毕业后再学2年，也不是七八年就能完成的，教师职后培养也是如此，把师范教育改为教师教育，这个概念的提升也反映了教师发展。

黄宇红：您从学生时代就进入了高等师范教育的相关研究工作，您经历了师范教育从定向、封闭到开放的改革，也经历了从职前职后分割到职前教育职后一体化的进程，最后从师范教育变成了教师教育的全部过程。对于从定向到封闭，职前职后一体化，我们采访的先生都认为这个整体的方向没有什么太大问题，但不同的先生有不同的观点，如顾明远先生可能对某些方面是有看法的，其原话意思就是，我们是有曲折在里面的，您怎么看待这个问题？

谢安邦：我刚才讲了师范教育整个转变的过程，但实际情况怎么样呢？

第一个问题，师范教育体制改革所面临的是市场经济，市场经济带来了招生并轨，招生并轨都要收费，师范大学也要收费。师范大学经费本来是由国家提供，因为师范教育是面向基础教育的，不可能从基础教育获得经费来养活自己。既然面向市场，师范院校也需要考虑如何面向市场。在这个过程中，师范院校要寻找到更多的能符合市场发展需要的一些专业和培训、培养的工作来补充自己的经费，就变成很多师范院校开始找哪些专业，开设哪些非师范专业能获得经费？这就带来市场经济条件下出现的一个较大的问题，就是师范院校很多不重视本身的师范教育，而是重视非师范。为了适应市场，高等师范院校也要变动，一方面要维持师范教育，另一方面要打开和放开。如果放开的话，它自然完全朝综合化发展，通过市场占有资源后，再维持师范教育的服务，就有一个控制和调整的过程。后来针对这一问题，也就进行了改革，温家宝重新提出免费师范教育的政策。如果师范院校不调整的话，完全按照市场经济发展就会偏。

第二个问题，教师教育的高学历。教师的高学历化就是教师教育的高等教育化，教师教育的高等教育化就是所有当教师的都要经过高等教育，当时我国还达不到这个要求，20世纪90年代末开始教师教育的高等教育化。在这种背景下，就提出了中师本科化，当时我做了很多课题，直接参与规划。上海最早提出教师教育的高学历，把华东师大和上海师大作为师范教育集团的主力军，把第一教育学院和第二教育学院并到华东师大，把培养初中教师的上海师专并到上海师大，取消中师，所有的中小学教师都要经过这两所师范大学培养。小学教师和初中教师由上海师大培养，高中教师由华东师大培养，因为华东师大毕竟是部属学校，不可能全部用来培养上海教师，上海教师的培养主要由上海师大来做，就像首师大一样，北师大不可能培养所有的北京教师。比较特殊的是，学前教育纳入华东师大，并入教育学院。

在职教师光凭实践经验是不够的，必须到华东师范大学、上海师范大学再进修，学历上的提高才有可能。当时上海提出了250小时，就是所有的在职教师都要进行250小时的在职培训，骨干教师和校长要经过500小时的在职培训。这样的话，所有在职教师都有机会在职培训，但这些教师不一定到教育学院进修，发给他们教育券和进修券，可以到华东师大进修，也可以到复旦、交大去进修，这要看教师自身的需要。对教师的培训更加开放化，根据教师自己的需求，学数学可以去复旦、交大，学教育学和心理学可以到华东师大，只要达到 250 小时就可以。这样的话，师资的培训就有很好的渠道，当时设想是这样，经过如此改动后，整体提升了教师的职前培养和职后培训，这大致是上海的工作，实际推行效果还是不错的。在并校过程中，虽然带来了新问题，但总体来说，高学历化、一体化、开放化这个改革还是成功的。

黄宇红：上海师范教育的改革还是相当先进的，尤其是实施教育券，给了教师更大的选择权，整体而言，现在的师范教育有了长足的发展，至少从学历上来说，在东部和发达地区已不是问题，当然西部或者特别偏僻的地区仍存在问题，教师的培养体系也在开放化，您觉得对于当前的高等师范教育，或者说教师教育，存在的最大问题是什么？将来我们可能需要在哪些方面做比较大的改革？

谢安邦：刚才介绍了上海培养一流师资队伍进行的师范教育改革。但这个改革如果推到全国，用在市场经济转型背景下，不加限制、不加控制就会带来问题。所以，师范大学需要改革，坚决不改还是有很大问题的。原来改革的设想是定向体制的开放，并不是取消师范大学，而且是以师范大学为主体开放，吸引更多力量进来，希望更多的综合大学参与教师教育领域。也就是说我们希望保留师范大学为主的情况下，让社会上更多的教育力量加入教师队伍。这个设想现在看来没有完全达到，即使一些综合大学办了教育学院，其主要是为了培训，是为了使自己院校的学科更加齐全，没有下功夫去像师范院校一样真正培养一线的教师，其实他们本意不在培养教师，所以，这个其实没有起到培养教师的作用。所以到现在为止，有些综合大学仍然在坚持，但也有一些综合大学把教育学科拆掉，因为综合大学精力有限，如果真的像师范院校那样培养教师，是需要花很多精力的，所以开放师范教育后，效果不是很明显，虽然这些综合大学起到了一定作用，但是没有真正起到像美国、日本那种成为教师教育的真正主体作用。当然对教育学科的推进、教育学科的研究还是有的,但毕竟综合大学有心理学、社会学和其他学科的研究背景,像北大和清华,他们对教育的推进、教育科研的推进还是有作为,但对培养一线的中小学师资来说,没有发挥我们当时想象的那么大的作用,所以说顾明远先生认为存在问题的观点是对的。

但是更主要的还有一大部分,原来以师范院校为主体来培养教师的体制在这种市场经济的冲击下,加上不加限制的开放体制,如果政府不给予政策上、经济上的支持,师范院校很自然地会走向市场化,就是在市场驱动下削弱了师范教育。这个也可以理解,其实日本也有过这样一个阶段,开放体制后发现这些问题,很多师范院校走向综合化,不愿意花很多精力去搞教师教育,后来日本又恢复了教育大学,专门去培养、培训教师。日本重新走回头路,补充弥补开放体制带来的问题,对于我们也是一个启发。其实我们还是可以采取很多措施来保证作为主干的师范教育体系更好地向前发展。如果按照那种不加以引导、不加以限制、不加以政策上的资助的话,很显然或多或少会影响教师教育,因为师范院校不会花很多工夫去做教师教育课程的组合改革,不利于教师的培养。所以说在市场经济条件下,在体制变革过程中,更要注意政策的把握。

黄宇红:正如您所言,现在的师范教育,甚至高等教育存在一个最大的问题,就是由于市场或者利益的驱使,教师的社会地位不是特别高。一方面,优秀的学生可能不愿意进入师范院校将来从事教师职业;另一方面,师范大学的教师,甚至包括领导愿意将更多的精力投入本身的专业和学科上,不太愿意或不太希望在真正的教育学科,或者本学科的教学法这种研究工作上下功夫,目前师范大学综合化的程度其实越来越高了。

但是从去年开始,国家提出了师范院校必须双达标,也就是师范专业、师范生要占到师范大学的50%,希望更多的师范大学将更主要的精力投入教师教育中。所以我觉得这个可能就像您说的,历史发展总是走走停停,过去再回来的一个过程。所以我想问一下,您认为未来师范教育的发展方向在哪?关于高等师范教育的未来发展方向,有很多人谈,有的先生认为,师范教育从广义上讲它会永远存在,但从狭义上讲它会消失;有的先生则更激进,认为师范教育无所谓师范不师范这个问题,就完全靠市场来调节,只要教师的地位足够高,师范院校办得足够好,就会有很多人来读,要不要师范两字无所谓。您认为高等师范教育的未来发展方向是什么?

谢安邦:回答这个问题,我们是要根据历史来看的,两个体制在历史上都存在。我国一开始就建立定向的制度,定向制有它的好处,公费制和服务制保证师资。为了强调教师本身的专业知识和更高的学科知识,体制的开放也不无道理,采取合成制的办法也是可以的,如美国、日本那样。关键是双专业要求的平衡在什么地方。师和范在我们古汉语里是有的,但将师和范加起来,师范两个字是来自日本的,师范院校是来自日本的。我们最早的上海交通大学是师范院校,是引进来的,之后是张謇在南通建立单独的师范学校。一开始师范教育体制,就是两条。但随着发展,产生了争论,20 世纪 20 年代杜威的思想进来以后发生了变化,虽然当时教师的整体水平不高,但北大毕业的当教师,水平不一定比师范大学的差,中学也喜欢复旦大学、南京大学的毕业生来做教师,现在其实也是这样的画面。这就需要对师范教育本身的专业性进行分析。

我对师范教育本身的专业性做过专门分析,认为教师是一种专业,但和医生律师来比,它的专业性就有一点差别,这里我就不详细分析了。但是正因为如此,专业性就模糊了,造成教师专业性不受重视,以为什么人都能当教师,只要掌握一定学科专业就行,这样就把师范性的东西冲掉了。针对这个问题,很多国家政府,包括国际组织,为了保证教师队伍的稳定性和高质量，强调教师的专业性。其实教师的专业性和律师、医生确实还是有差距的，我们应该承认。但不能因为有差距，就否认教师的专业性。我认为教师是双专业，教什么和怎么教合成起来才能成为合格教师，因为教什么和怎么教不是完全一样的。双专业可以混合在一起做，这就是师范院校，从进来以后你就当教师，学科和教育实习培训都同时交给你，双专业也可以合成制，就是先让专业达到一定水平后，再加一个东西。不是一定要两种东西放在一起做，所以混合制、合成制都是可以的，只是说双专业怎么来组合更适合社会在当时的发展需要，如果很强调专业，那就是合成制。而混合制就是一定要把你作为一个教师，毕业后一定要当教师，哪怕你专业水平达不到一定要求，还是要先把教师专业弄好，先解决能够上岗的问题，主要强调教师专业问题。所以说根据强调的东西、所处的关系和结合点在哪，并不是说哪种体制更好，美国、日本都有回调的过程，这是客观的分析。我们现在的状况，就是在市场经济条件下出现的情况。中师以前培养小学教师的那套规范的训练效果特别好，但问题是为什么不能在提高中师专业水平的基础上，再把那套规范的东西加进去？解决这一问题还有很多政策可用。例如，把钱放在后面，当教师才给补贴，如果当教师，就把你在师范或大学所有花费的钱返回给你。

刘泽旭：当教师后再免学费，比当教师前就免学费会起更大作用。

谢安邦：一旦当教师，工资高、待遇好，就等于补偿了你当教师前的花费，你不当教师就没有，这样效果会更好，把钱用到刀刃上。当然，我只是举个例子。

刘泽旭：这个我觉得非常好，当然我们现在的政策是反的，都是职前免费，再去追究责任，其实也无法追究。

谢安邦：那就要考虑为什么不去当教师呢？因为没有吸引力，就是社会地位不高。如果说给很好的地位、给更高的工资，凡是当教师就给，那就会去。关键在于政策用在什么地方，教师教育的前面还是后面，这仅是一个例子。两种体制不存在好与坏，而是说要采取什么办法把这个双专业组合得更好。

黄宇红：其实我理解您的观点，就是混合制也好，合成制也好，其实本身是没有好坏之分的。只是对一个国家来说，或者对某一阶段来说，哪个更合适？这个由地区甚至是个人来选择。比如，在西部地区，混合制可能就是特别适合的一种方式。像北京、上海这种发达地区，合成制可能就更合适，因为不愁没人来当教师，而不要一刀切。您认为现在当一名比较优秀的教师，或者说一名师范生，应具备哪些基本的素质（除了双专业外，稍微具体点）？

谢安邦：把教师作为一个群体，思考它是什么专业性质，然后怎么来培养。其实教师的教学是个体化的。专业化发展应该更注重在教师本身实践经验的基础上的专业发展。其实我们这方面东西也不多，虽然后期开始转向教师培养的课程问题，能提高教师个体化的进程。其中，比较大和比较多的问题，主要是专业课程和教育类课程的设计问题，这是核心问题，混合制和合成制。最后都要落实到双专业的课程怎么样很好地提高它本身课程的水平，以及怎样组合的问题。就现在教师教育的课程，除了专业方面要达到同样的水平质量外，更要紧的是教育课程方面整个改革要加强，这基于对教师本身素质的研究。

一个教师应该达到专业化，那么专业化的标准是什么？也就是说从哪几个范畴结构看教师的素质要求？不同专家、不同政府、不同国家要求都不一样，我当时提了四五个核心的方面，看我们的课程怎么来体现和保证它们，但现在关于课程的组合改革还是涉及教育学本身。虽然教育学本身的学科发展不够，水平比较低，是不是成为一个典型的学科、是不是单独学科存在着争议，但不管怎么说，是在推进。不能简单地讲教育在原有的基础上拓展了很多东西，要把教育放在整个社会发展过程当中来思考它的作用，现在应更加注重教学方面，教学里面的教学论，要把教学论和教育学组合成学科教育学，避免以前教育学、心理学和教学法的单独分开。另外，信息化的教育，对教师的评估也很重要。就是课程体系的整个改革，在教学本身的设计、教育实践上新的技术发展这个方面的研究做得不够。这不只是体制上的问题，我觉得这是教育学科本身的发展无法为其提供一个强有力的支撑，所以这是我们需要进步的地方。

黄宇红：其实现在，我觉得师范大学对发展问题挺困惑，大家都提要改革，但怎么改？尤其在四年制不动的情况下，学生时间有限，不可能无限制地往里加，加很多教育学类的，那么专业课程就不行。

谢安邦：对，现在存在个问题，教育学的课学生不爱听，也起不到作用，反而对教育学更不满。但是以前实施的"4+1""4+2"都不行了，尤其是"4+1"没有办法算学历，算本科还是算硕士呢，这是个政策问题。"4+2"就是现在所谓本科加教育硕士，最早报考教育硕士要教过两三年中小学，现在从应届生招生，而应届生读教育硕士，很多是考不上学术型的，并且教育硕士现在也要求写论文了。从这个意义上讲，现在的所谓合成制其实非常失败。

谢安邦：如果在原有体制下，政策不改的话，可以实施"3.5+0.5"，就是说这个半年一定要保证，前面三年半一定要达到专业基本要求。如果现在政策不动，跟不上，学校就做不到，如果"4+1"的话，还是按本科算，大家就不愿意做，如果"4+2"按教育硕士，如果待遇跟不上也没用。我做研究生院长时，一直在推这个专业学位，推教育博士，最早是华东师大做的，北师大和北大也做这个事情，主要招收校长、处长以及管理人员、第一线的骨干课教师，找他们去讲。那么按照他的学历学位要求，他的待遇应该配套，这是现有政策。就是说符合现在这种才能做，不然做不下去。

黄宇红：对，很多改革模糊地解决，没有国家配套政策，就执行不下去。另外，我觉得教育学科的发展存在很大问题，没有办法为中小学教师真正提供能够解决实际问题的策略和方案，没有给学生真正行之有效的东西。这些东西，就是他们真正到中小学去教书，情况变化也是比较大的，学生反馈我们教的这些东西没有办法解决实际问题，比如说，真正教学教育过程中面临的严峻挑战，尤其现在的孩子，90后都已经培养完了，都21世纪00后了，因为这个挑战对于00后学生是巨大的，我们的教育满足不了学生的需求。

谢安邦：首师大、华东师大就是培养师范生的，面临的很多问题不是我们刚才讲的0.5年能够解决的，我只是给你解决后面大量的问题做准备，就是刚才讲的教师教育职后有很长的发展过程。因为社会一直在变化，我们现在很难预测未来情况，不能说将来教师后面一定是什么情况，只能给你最基本的，后面的东西就要结合自己的学习发展、专业发展解决当教师以后的问题，很多需要今后在职培训来解决。职前能够解决什么？只能做最简单和最基础的。

我们曾做过调查，其实学生只要知道专业知识就够了，当教师上课，听完课写个教案，不能解决这么多，况且时间也有限。从教至少1~2年后，情况就不一样了。关键在于双专业要求的结合点在哪？政策在哪？如果说只是能够进入教师职业，我觉得师范院校完成了这个任务，但是进了门以后该怎么做，那后面还要很长时间的培训，这也是师范大学师范教育要考虑的。

一体化师范大学本来就是思考的，但是我认为最难的就是一体化课程问题，并不是光把职后培训并进去，而是前面4年课程和后面的课程要组合起来思考。如果只考虑4年课程，至于后面怎么样都不考虑，那是不行的，如果是一体化，整个师范大学就要思考课程组合这个问题，课程是要解决最重要的问题。一体化不只是体制问题，重要的是政策和后面的课程。但后面具体怎么做，我不是很清楚。原计划是我们想组织起来把它系统化，因此我们研究教师专业化发展，即刚刚当教师应该怎么办，当了3年以后情况怎么样，3~5年进职称后怎么样，进入副高怎么办，从高级职称到退休怎么样？每一阶段的要求是不一样的，所获取的知识和东西也不一样，那么每一阶段进修的方式、培训所提供的东西也不一样，这个也有人研究。

  我把教师就入职以后到退休分成6个阶段，每个阶段的发展要求、生理和心理特点是不一样的。刚刚进去学校当教师，战战兢兢，面临好多问题，例如，第一天上课碰到什么问题，怎么解决？一星期后，他怎么解决？两星期又怎么样？要很详细地总结给新教师听。1年以后，他上过一遍，心里有点底了。2年上完，他就倦怠。5年这个时候最危险，生活稳定，基本职称达到了，可上可下，这个时候不努力就下去了，如果这个时候给他促进一下，他就上去了。在这个关键期，我们的政策、我们的对策、我们的培训都是一个培养、一个促进，这个就需要研究。评了副高职称或副教授，就需要激励他，因为此时是最能出文章和出成果的时候，因为他要升教授。教授写得差不多了，很多时候是维持自己。教授要考核你带不带得出来人，你看不看得到前沿，能不能领导前沿，教授必须看到前沿组织人去做，明辨方向组织人才去攻关。全部要师范院校四年时间出来解决所有问题，怎么能够解决？

  黄宇红：谢谢您！

师范院校的人才培养模式与改革发展进路

——颜泽贤先生访谈实录

谷琳、孙启用、石燕（校订、整理）

访谈时间：2019 年 11 月 14 日

访谈对象：颜泽贤，教授，现为澳门城市大学校董会主席顾问，《社会经济发展研究》编委会主任，曾任华南师范大学校长，澳门城市大学校长。

访谈人：黄宇红、王晓阳等

黄宇红：非常感谢您接受我们的访谈。您求学期间的师范教育是什么样的？请谈谈您的印象。

颜泽贤：我本科并非毕业于师范大学，却从事了小学、中学的技术教育，后来虽然在师范大学读研究生，但学的又是非师范专业，再后来从事了一辈子的高等师范教育以及高等师范教育管理工作。我本科在武汉大学念的物理系，当时是在"文化大革命"期间，毕业以后又延迟分配了一年半。当时所有人都被分配从事中小学教育，所以我这个非师范大学毕业的本科生，也从事了师范教育，从事了中小学教育。我当时是在湖北最边远的山区的一所完全中学——从小学到高中一贯制的，在那里做了 8 年的老师，从老师做到中学校长。

黄宇红：这所学校在湖北哪个市呢？

颜泽贤：现在叫作湖北十堰市，在它下面郧西县的一个区，就是分到最底层的一个地方。后来国家恢复研究生考试，我考研究生就考到这里来了。在中学的时候，我教过工业基础知识、农业基础知识，也教过政治，后来当了校长，这一段经历对我的锻炼很大。从这个教育阶段思考我们师范教育应该培养什么样的老师，我有一些感受。

现在回忆起来印象是比较深刻的，作为一个农村中学的校长，作为一名教师，我觉得有三点。

第一，教师的角色意识和职业操守，我认为是第一位的。由于当时特殊的时代背景，我们做中学老师基本上没有经过师范培养，但是我自认为还算得上是一个合格的老师。当时小学的生源不足，但是班级、年级要存在。当时叫作复式班，在一个班级里，这一排坐的是一年级的学生，另一排坐的是二年级的学生，这一节课当中先给一年级的同学讲，然后让他们做作业，接着又开始给二年级讲。还有就是一定要对学生有爱心。教师的职业操守和角色意识，这一点应该放在师范教育、教师教育的首位。在贫困的山区待下来，对孩子没有爱心，对教育事业没有爱岗敬业的职业操守，那是做不到的，这是我对教师的第一点感受。

第二，作为教师，我觉得专业水平和教学能力很重要。我相信综合大学毕业的学生专业水平是没有问题的，但是在教学能力、教学方法上要健全。老师所教年级较低时，对老师的专业水平要求不一定很高，但他的教学水平、教学能力应该很重要，应该把他所知道的知识有效地传授给学生。

第三，对于教师职前的培养和职后的培训，我觉得职后培训要重于职前培养。这是基于我从事高等教育之前，根据对中小学教师教育的思考，回过头来所感受到的。

黄宇红：刚才听了您的经历，觉得非常丰富。您研究生阶段是在华南师大上的，虽然学的是非师范专业，但是毕竟是在师范大学里，和武汉大学这样的综合性大学还不一样，读完以后您回忆这8年的教学，包括管理工作，觉得有没有什么变化？您曾有教学工作的经历，然后又留在学校，对师范教育和您刚工作时，甚至考研究生之前有什么思想上的转变吗？

颜泽贤：是有转变的。恢复研究生考试以后，我考到华南师大，在湖北从事了8年的中学教育以后，对师范教育还是有情结的。回忆我读中学的时候，我的老师是华中师范学院毕业的，都是很优秀的教师，是我们崇拜的对象。中学的老师对学生人格的塑造和成长是至关重要的，所以我始终把教师的职业操守放在第一位。另外我考研究生学的不是师范专业。我在大学本科学的是空间物理，后来当中学校长又教政治课，对哲学感兴趣，所以当时研究生报考的是交叉学科，叫作科学技术哲学。科学技术哲学简称科技哲学，除了考外语和政治，还要考自然科学和哲学，这也是我的优势。这个学科是一个边缘交叉学科，学完了以后我就留校，一直从事这个专业上的研究。在哲学研究所做研究工作，后来又公派到苏联去学习，1989年通知我回来，回来就担任副校长。就这样在华南师范大学一直从事高等师范教育，从1989年到2004年，我从副校长升至校长。

黄宇红：您当副校长、校长期间，您觉得有哪些改革或者重要的工作是特别有意义的，使得华南师大的发展，甚至是全国高等教育的发展能走在前面，或者有什么特别的理念吗？

颜泽贤：我是从1989年到1997年任副校长，1997年到2004年任校长，一直在师范大学从事高等师范教育管理工作，这段时间刚好是世纪之交。我觉得这个世纪之交是我们中国高等师范教育的一个转型期，刚好我们这一代人遇上，这也是很有意义的，往往世纪之交是大变革的年代。19世纪末20世纪初是科学革命，包括爱因斯坦的相对论、1905

年的狭义相对论、1915年的广义相对论。对我们的教育来讲，我觉得这个世纪之交，不仅是师范教育的转型期，而且是中国高等教育的转型期之一。我的哲学观点是建构主义，不太主张表征主义、本质主义。建构主义有一个观点，是把客观存在、客观事实叫作事件，我梳理了四个比较大的历史事件，来说明高等师范教育的转型。

事件一：当时国家科教兴国战略是配合着我们国家改革开放提出的，这就说明了国家把科学技术和教育作为在社会建制中一个主要的部门来进行，是推动社会发展的根本动力。在科教兴国战略中，寻找师范教育的定位，当时也有很多说法，诸如科教兴国、教育为本、振兴教育、师范优先等，说明国家战略的转移给我们的教育提供了很大的空间，这是第一个大事件。

事件二：我的亲身经历就是国家重点大学的建立，就是"211工程"的建设，我从当副校长开始就分管这些。国家从20世纪90年代开始，就启动"211工程"建设，就是在21世纪建设100所重点大学。"211工程"建设是国家科教兴国战略的体现，必须把教育发展起来，必须有一系列的举措。这对于我们的师范教育，乃至整个国家的教育是很大的提升，包括政府对财政拨款的重视等。"211工程"建设为什么作为一个重大历史事件，对师范教育来说，我想有几个要点：

第一，"211工程"建设当中，国家对师范教育一视同仁。就是在这100所院校当中，我记得第一批列的是96所，其中就有6所师范大学，就是北师大、华东师大、东北师大、湖南师大、华南师大和南京师大，相对于96所占比超过0.6%，这个比例虽然不是很大，但是列进来了，说明国家对师范教育的重视，它作为一种示范效应，这些大学用跟北大、清华一样的标准来要求、来建设，这个政策导向非常厉害，这是第一个效应。

第二，就是在师范院校系统内部，我们学校作为南方一所省属的地方师范大学,进入第一批"211工程"的6所师范大学。当时有老六所、新六所之说,老六所就是刚才提到的北师大、华东师大、东北师大,还有三所是地方的,就是华南师大、湖南师大和南京师大,这也是一种效应,就是给地方的师范大学树立了一个标杆,大家都要遵守跟上。地方师范大学结成一个同盟,大家都非常团结、非常友好、互相介绍经验等。

第三,更主要的是落到实处,通过"211工程"的建设,我认为,这是在华南师范大学历史上发展最快、最好、最辉煌的时期之一,我们赶上了一个好时机,这是一个机遇,我们搭上了快速发展的班车。当时我做校长,从决策者的角度来看学校大的变化:一、最大的变化是鼓舞了人心、提高了士气,可以说是全校上下同心。现在回头来看,我觉得作为一个大学管理者来说,这一点在任何一个单位都是非常重要的。这一点我把它放在首位,那个时候确实是我们建设最好的时期之一,这是一个很大的标志性共识。二、通过"211工程"建设,我们的师资队伍结构提高了许多。当年我们的老校长刘颂豪校长就是中国科学院院士,当时的双聘院士,我们也聘了好几位过来,包括从北师大我们也聘了一位生物学教授过来,以及海外留学人员,还有国内的一些重点大学的老师当时也加入进来,再加上"211工程"建设,当时确实吸引了一大批人才。我也从我的母校武汉大学,吸引了不少人才过来,当时美术学院都是从湖北整个团队成建制过来的,我们的光学从长春、上海也是成建制过来的,很多一流的优秀学科,都是发展的基础。大学在正确的办学理念下,有一个好的平台。师资队伍和生源结构,这两个方面的指标非常重要。三、教学科研、综合实力每年都有各种各样的排名,当时华南师大一直都稳定地排在全国大概50名,这应该是一个很大的提升。

第四,就是如何处理"211工程"建设和师范教育的关系。我们要处理好两个关系:第一个是处理好"高峰"与"高原"的关系。高峰就是要凝练学科建设"211工程"，共有7个重点建设学科，我们认为就是要拼上去它才算是一个高峰。但是这个平台想要提升，就要借助高峰的示范效应和带动作用，把华南师大的水平整个往上提升，这就是高原。我们希望高峰是在高原上的高峰，不是在海拔平原上的高峰，要处理好高峰和高原的关系。第二个就是处理好学术性和师范性之间的关系。学术性和师范性，有时候我们会把它们对立起来，其实它们是统一的。我们在"211工程"建设当中，有7个重点建设的学科。其中我们的教育学、教育技术学、心理学还有体育教育学这4个学科，在一轮、二轮及后来三轮当中都把它们作为重点学科来建设。因为师范性是我们的特色，不能够丢掉特色，但是从正面来说，我们还是重视了师范性，这是相辅相成的。

　　事件三：国家高等教育机构的调整对师范教育布局有些影响。高等教育机构调整有两个大的背景，一个是"211工程"建设，另一个就是由精英化教育向大众化教育的转变，都是在这个世纪之交的事情。在这个过程中，国家就开始了教育机构的调整，前期是关于大学的合并，像广州师院就并到广州大学了。还有一种模式就是以师范大学为主体，把相关的高校并过来，当时我们这所大学也考虑过，但最后我们没有动。随着高等教育大众化的推进、扩招，我们在这个过程中，就一校变四校，包括石牌校区本部、大学城、南海校区、增城校区，规模由过去的1万多人扩大到4万多人，是很大的扩招。在这个过程当中，有两个问题：第一个问题是教育资源如何配置的问题。从学校决策角度来看，比如大学城，当时中山大学是一种模式，我们又是另一种模式。中山大学在珠海有一个校区，一、二年级学生在珠海，三、四年级学生回本部。我们没有采取这种模式，我们采取的是模块式的，就是成建制的，比如，这个专业、这个学院搬到大学城去，这边有几个学院，那边有几个学院。我们觉得这样做有利于教育质量的保证和提高，对校风的稳定会好一些。教育理念是一个意义系统，是一个价值系统，不能把大学看成一个单纯的物理空间。如果大学没有校风传承的形成，就不利于学生培养。第二个问题，在大众化的前提之下，如何保证教育质量的问题，这是一个很大的课题。因为扩招了，老师要增加，水平也要提高，从目前的情况来看，总体来说还是不错的，后来增城学院变成了独立学院，后来就转设了，成为广州商学院，就脱离了我们，现在华南师大是三个校区。

事件四：前面三个如科教兴国、"211工程"建设、高等教育布局的调整，这些都是共性的问题。第四个问题就是师范教育体制的转型，这是我们面临的很大的问题。体制转型，当时我们把它归结为两点：第一个是从20世纪90年代开始，要构建一种混合式开放型的师范教育体系，国家允许综合大学来办师范教育，这对师范大学来说应该是一个很大的冲击；第二个转型就是在教师的培养过程当中，把所谓职前的培养和职后的培训一体化衔接，过去叫作师范教育，后来叫作教师教育。

那么，第四个大事件期间，我们做了些什么？当时我们确实是把它当作一个大事，这件事当然是和"211工程"建设混在一起的，但我们为了表述清楚，把它割裂出来，就是统一思想、提高认识、把握机遇，定出我们的办学目标、办学指导思想。统一思想，当时我们认为有两个基本思想是达到统一，第一个就是怎么看师范教育的转型。我们请教育学的一些老师来讲，按照国际师范教育发展的趋势和国内社会经济发展的要求，这种转型看来是必由之路，是必然的趋势。第二个，转型的实质是什么呢？师范教育体制由过去的封闭型转向了开放型，因此既有挑战，也有机遇。我记得提出了两个办学指导思想，第一个是突出特色，加强综合。第二个是根据这个理念衍生出的：我们高举师范的旗帜，走综合发展的道路。我认为教育理论一定是在实践当中进行建构，有一个什么样的环境，我们应该做出什么样的对策，这是一个不断变动的过程。在宏观层面，统一思想、办学理念基本上确定下来。有了基本指导思想以后，我们在后来的办学过程当中，本着实践建构的管理范式，把它综合起来，把办学理念有机糅合，使得我们学校平稳、健康、超前发展。

面对转型，我有三点认识：一、我们要实实在在进行教师培训创新、改革。当时我们提了三个相结合，第一个我们在校的师范教育的本科生，应该是专业教育和职业训练相结合。当时有一种模式，就是综合大学培养出来以后还要到师范大学再学一年。综合大学是学专业，师范大学是做职业训练。我觉得师范大学内部可不可以也搞"3+1"或者"4+1"，在职前培养当中把专业教育和职业训练在校解决，这是一个结合。第二个是把职前培训和在职训练结合起来，我们当时设了广东省师资培训中心。过去每个省都有教育学院，教育学院是专门进行职后培训的。广东省教育学院也招全日制的本科，虽然前几年在我们这里授学位，后来也独立了，独立出去之后就没有职后培训了，我们要把职后培训做起来。第三个是具体实施，在教师教育方面，把本科教育和研究生教育拉动起来，是"4+2"这种形式。优秀的本科生我们就推免再读研究生，本科加上研究生6年就可以毕业。同时在全校也开展博雅教育等，再就是厚基础、宽口径。我们建了两个班，一个文科综合班，一个理科综合班，把最优秀的学生集合起来，有一系列改革，包括教学科研体制、课程设置，这是第一个应对措施。二、充分发挥教育科学学科在教师教育培养当中的作用，如教育学、教育心理学、教育技术学等，发挥师范大学教育学科的优势，在教师教育培养当中发挥重大的作用。三、拓展师范大学在师范教育或者教师教育当中的服务空间。一个是师范教育、教师教育的眼光不要局限在校内，要把它放到社会。当时华南师大出了一个沿海版教材，福建、广东、广西这些沿海地区都用这一套中小学的教材。再一个是拓展海外的师范教育。当时做得比较好的是马来西亚，开展华文教育，把我们中文系的一些优秀教师派到那里去，给侨办系统培训。马来西亚很多华文教师都是华南师大的学生。还有就是澳门，我们是从1985年开始跟澳门合作办学，现在澳门中小学的教师70%是华南师大的学生。暨南大学是招收海外的学生，与之相反，我们是走出去了。这是我们师范教育和教师教育的一个特色。这也是在师范教育体制转型期，我们针对怎么坚持师范方向，提高教师教育的质量和水平，拓展我们的服务空间所做的一些工作。

黄宇红：在长期的工作中，您觉得高等师范教育有什么问题？高等师范教育就像您说的，挑战和机遇是并存的，您认为在发展进程中，尤其从改革开放以后，它存在哪些问题？

颜泽贤：这个问题很宏大。我在工作实践和专业知识背景下进行了一些思考，现在处于一个转型期，这个转型真的成功了吗？有关教师的专业化怎么形成，怎么培养，这是值得思考的。如果从建构主义角度来看，它是个动态的过程，我强调在实践的过程中形成，包括过去的教研组活动，互相听课等，在耳濡目染的过程中就把教师的教学水平提高了。在职业训练方面，可不可以放在实践过程当中来进行？从这个意义上来讲，师范教育的这种体制和模式，我觉得还可以加速，步子可以再大一点。

黄宇红：请您谈谈对教师资格证的看法，以及怎么来保证教师的责任心。您觉得未来的师范教育前景是怎样的？为什么呢？

颜泽贤：从宏观考虑，说到底是教师教育的问题和专业化的、高水平的教师怎么产生的问题。过去是师范大学来承担这个责任，现在大学的高水平教师又有多少是师范院校出来的？我是这么反思这个问题的。这涉及师范教育层次问题，如果是中小学老师，我们国家这么大，如边远地区，应尽量保留师范学院培养的硕士层次，而其他的发达地区应该能综合化就综合化。关于教师资格证书，培养途径多样化和坚持标准专业化不矛盾，从这个理论上来讲，师范大学专营教师教育不一定要存在下去，但是要考虑到地区和城市的不同特点，要有个过程，这么大的国家，不能一刀切。教育是要延续的，教师是必须要有的。

黄宇红：刚才您谈到一个好的教师到底要具备什么样的素质，那么一个好的教师要经过什么样的培养，才能具备好的素质？

颜泽贤：我觉得国家制定政策的时候，应该倒过来，从要求、质量标准来倒推，这样就可以得出培养的途径和方式。

黄宇红：您觉得最重要的，除了刚才您讲的那几个，在新的时代，在今天这种背景下更重要的还有什么？

颜泽贤：教师素质的要求，首先要思考教师的工作性质和其他岗位的工作性质区别在哪，比如工人，生产产品是直接对着这个产品来进行；但是教师的工作，面对的人是一个价值主体。所以我的教育理念偏向现象学强调主体间性。教师的工作成就是通过他所教的学生的全面发展来体现的，这中间不是直接体现成果的，可以从这个意义上来理解。

黄宇红：非常感谢您接受我们的访谈！

下 篇

新时代师范大学教师教育的责任

——上海师范大学副校长李晔访谈实录

王晓阳（校订、整理）

访谈时间：2019 年 10 月 12 日上午

访谈对象：李晔，教授，博导，教育部本科教学审核评估专家，中国工程教育专业认证专家，现任上海师范大学副校长。

访谈地点：校本部实验楼报告厅

访谈人：赵可璇

1. 李校长您好，非常感谢您能接受这次访谈。首先想请您谈一谈从事高等师范教育的学习和工作经历。

李晔：我从事高等师范教育的历史是蛮短的。我是 2018 年 10 月从同济大学调入上海师范大学的，我原来主要是搞工程教育。来到上海师范大学以后，我抓本科教学、抓理工科研、抓艺术提升。上海师范大学是一个具有教师教育特色的院校，这一点是非常明显的，并且服务上海的使命非常重，首都师范大学跟上海师范大学两者的发展环境、发展定位是非常相似的。我本身从事高等师范教育时间不长，只有 1 年多时间，但是我一来就主抓教师教育改革这方面的事情。

2. 那您目前从事高等师范教育工作运用了怎样的工作思路？

李晔：我觉得现在总的来说，特别是去年习近平总书记召开全国教师教育大会，这个大会的时间节点非常重要。中国人民对教育的重视是与生俱来的，我们中华人民共和国刚成立的时候，首都师范大学是北京成立的第一所大学，这体现了我国对教育事业的重视，我们整个国家要强盛，必须要搞好教育；教育要从娃娃抓起，学校要从教师教育抓起。

那么反过来，2018年，特别是党的十九大以来，我们国家就是要从富走向强，这是中华民族伟大复兴的中国梦，这个定下来以后，又在新时代召开全国第一次教育大会，把我们教育的使命、教育的责任和教育的重要性，特别是教师队伍建设的重要性全部确定下来了。所以说，目前我们国家又处于一个教师教育发展的关口，并且是特别重要的机遇。现在我们的问题不是原来不好，或者是责任履行不好，而是跟我们所承担的使命有关，可能我们自身的教师教育能力建设、我们培养教师的规格品格还要进一步提升，这是一个重要问题，也是我们的问题所在。

习近平总书记指出，教师要承担塑造灵魂、塑造生命、塑造新人的时代重任。培养人不是一件简单的事情。第一是要培养爱党、爱国、爱社会主义的人。第二是要培养现代的人，现代的知识、现代的科技发展与创新要跟上。第三是要培养具有国际视野的人，要站在全球的文明视野上。所以教育的目的回归到人。但是回归到人的话，你怎么培养人呢？

其实老师不是简单教书，而是立德树人，这是一个长期的过程，学校主要是在完成这个责任，我们现在的一个主要责任就是把我们传统的、一般化的德育进行优化。第一个是现代化；第二个是科学化；第三个是实践性、可操作性。所以我们现在的整个工作思路，就是培养面向未来的高素质教师，就是要抓住现代师德养成体系。

师德养成，我们现在做一个转换。第一个就是培养人，是国家出的命题，我们搭建的路径是通过老师的师德来培养这样的人。第二个，这个德，是一个群体的描述，有师德、有道德，对于个人的话，他就是有爱心、有爱的能力（的人），就是转化成爱，就是说从人到德再到爱。我们叫作"为爱从教"，然后这个爱，又对应三个层次的人：爱党爱国；爱社会主义；爱人民。

第一，爱是要有责任的。那就是要发挥引领作用，要主动跟各种不良的思想做斗争，不是我上完课，你考多少分就走了，不是的，假设有一些不同的思维，你要主动去承担（责任），这个爱是要承担责任的。

第二，爱是要有担当的。未来整个学习环境在改变，科技在迅猛发展，是要培养学生素养的，因此要以学习为中心，要遵循教育规律，你要自己来掌握、学习。

第三，爱是要有品德的。要注重品德的养成，我们要进行教师伦理教育，要有专门针对教师的教育要求，凡是进行过教师教育的学生也就有第三张成绩单，就是师德养成成绩单。

第四，爱是要有本领的。我们现在的学科教育把简单知识的传授变成学生素养，我们叫作元素养。老师要会设计跨学科知识整合的命题，要会设计活动，要会设计问题等。

第五，我们可能就是要构建爱的环境，我们这些老师要受人尊敬，然后要将职前职后建立一体化联系，我们要有国际化的条件、国际化的手段等。

我们现在把它叫作IIUGS。第一个I叫作"Intelligent"，我们马上成立人工智能教育研究院，把整个学校人工智能教育的力量、科技的力量全整合进来。第二个I就是国际"International"，在国际化方面，上师大成立了联合国教师教育中心。U就是上师大，G就是政府，我们主要是跟区政府合作。S就是示范性中学、示范性小学、示范性幼儿园形成的一个共同体。形成一个IIUGS的教师教育培养共同体，就是形成一个培养共同体的环境,这是我们的基本思路。

3. 在实施过程中有遇到什么困难或者困惑吗?

李晔:实施过程中我觉得有几个问题,第一个就是当前整个制度环境对教师的重视程度还不够。我原来是做工科的,要培养出一个卓越的老师,它的难度、成本、资源应该比(培养)一个卓越的工程师还大。你要改变他的心灵,又要赋予他技术学科知识本领。现在师范招生不让他面试,也不让提前考察,忽视这个东西,但有的人是天生不适合做老师的。还有就是面向未来的教育资源的投入,比如说,中小学的设备已经远远好于大学了,这肯定是不行的,这是一个资源投入跟配置方面的问题。第二个就是对人才的评价。我们培养出来一个师范生,要负起社会责任,但是他没办法去发表高水平的论文,如SCI(科学引文索引)、SSCI(社会科学引文索引)收录的论文,也没办法去取得一系列的帽子,国家级教学名师几年才一个,我们全校两千多名老师只有几个名额,那要怎么来激发他们?所以说评价的制度体系方面需要改进。

我们要面向未来,建立新时代的教师教育制度,不是目前推出来的那些建设项目。那些碎片化、零碎化的东西,撼不动原来整个的制度体系。我们现在还是没形成这个氛围、这个制度。首师大召开这个会议,我觉得就是要达成这些共识。

4. 您认为高等师范教育的未来发展方向是怎样的?面临着哪些机遇和挑战?

李晔:高等师范教育未来的方向肯定是培养能够支撑我们国家民族复兴事业,实现伟大中国梦的教师。

赵可璇:就像您刚才讲的三个层次的人。

李晔:对,但是现在时间很紧迫了。因为2049年是中华人民共和国成立100周年,现在快要出生的人,或者已经出生的人,到那时就是主力军了。现在的老师如果不培养好,这个起点就不行,所以说非常紧迫了。培养（能够）担当民族伟大复兴责任的老师，这个就是我们的责任和未来的方向，我们要主动担当起来。我们要先把责任扛在肩上，再去争取资源条件。

我觉得挑战就是我们的理念认识不一定到位，制度环境，特别是社会环境也不到位，其实国家的需求、最大的动力、最大的激励，就是最优秀的人来培养更加优秀的人。为什么我们吸引不到最优秀的人来当教师，就是因为社会上教师的地位还是不够高，教师的待遇还是不太行。就像顾明远老师讲的，现在社会上的悖论，就是你喜欢最优秀的人来当你孩子的老师，但你不希望你的孩子去做老师，这是要靠社会来破解的。

再就是制度的顶层设计很急迫了，目前设计出来的制度全部是碎片化的，特别是教师认证，解决不了大的问题，它只能保底线。我们现在不是为了保底线，而是为了冲卓越。所以说，这都是挑战。

地方性师范大学的机遇与挑战

——新疆师范大学副校长王晓峰访谈实录

王晓阳、石燕（校订、整理）

访谈时间：2019年10月11日下午

访谈对象：王晓峰，教授，教育部本科教学评估专家，新疆师范大学党委常委、副校长。

访谈人：石燕

1. 请您谈一谈您从事高等师范教育的学习和工作经历。

王晓峰：我是1984年毕业之后到新疆师范大学工作的，至今已有35年。从普通教师到系主任，再到教务处处长、人事处处长，直至现在副校长。

2. 在您从事高等师范教育工作的过程中，有着怎样的工作思路？遇到过哪些困惑？

王晓峰：我们的工作主要还是在国家出台的文件、颁布的政策下来进行，根据国家、新疆维吾尔自治区区政府的相关文件来进行，大致在这个框架中。如果有自选动作的就自选，没有的话就按照规定走。

困惑一直都有。从改革开放以来，师范类专业的学生有多少人从事教师工作？当然师范大学的学生要比非师范大学从事教师职业的比例要高，那么从师范大学来说，有多少培养的师范生愿意从事教师这个职业，这里存在着问题。但是这也不是我们能决定的，就业自主权的开放允许学生自主选择。甚至6所部属师范院校培养的公费师范生也没有全部当教师，毁约的情况也有，所以我认为这是师范教育的一个困惑。我们希望培养的师范生到基础教育中去，但现在还没有达到这个比例。

比如，在新疆喀什地区，其实非常需要数学老师，但师范生又都选择去竞争城市里条件更好的中学，条件不好的地区就比较缺少教师。吸引师范生的不是教师这个职业本身，而是诸如北京、上海这样的大城市吸引他们。中国办大学的第一规律就是要办在城市，最好办在中心城市、首府城市，这跟我国的经济体制、政治体制是相关的。乡村是很缺老师的，但是从乡村苦读出来的，最后到北京、上海来读大学的师范生们，你要让他再回到乡村去，没有很高的家国情怀，那是不可能的。所以即使有85万的师范毕业生，也不能满足新疆25万教师的缺口。这跟全国的问题一样，结构性超编和结构性失编是并存的，所以党的十九大说发展不平衡、不充分。

国家想让所有的学生在同一个起跑线，那么所有的学校就应该有同一个水平的老师。在新疆，双语班的师范生毕业之后也是不太选择在小地方做老师，而是选择到大城市去做微商或者不断变换工作。总之就是学生需要好老师，但好老师下不去。那么这种情况的结合点就在县城，我们优秀的大学生大量地下到县城里，然后孩子们能在县城里接受更好的教学。但是撤点并校又会带来其他问题，比如，缺少家庭教育等。

改革开放以来，报考师范生的数量是不多的，即便是北师大，报考师范生的数量可能也不乐观。无论什么样的学校，最好的学生基本上都没有学师范。

3. 您认为高等师范教育的未来发展方向是怎样的？面临着哪些机遇和挑战？

王晓峰：我们对高等师范教育未来的发展方向还是要抱有信心。第一，中国人口数量最多的还是年轻人、学生、学龄儿童，既然有那么多的学生，就需要那么多的老师；既然需要那么多的老师，中国就有非常大的就业市场。就目前来说，师范专业是会一直存在的，师范专业的就业还是同类别中数量最大的。每个人都需要时间跨度非常大的教育，所以这是一个大的群体。教师这个职业不一定说是最好的职业，但是选择其他职业不一定就比教师好，所以教师依然是一个不差的选择。我给我们学校做报告，对同学们说，当老师依然是一个比较好的选择，一是比较稳定，二是压力相对企业、行政机关来说比较小，三是自己的孩子也需要教育。所以从教师的性质、规模来说，依然是众多选择中较好的一个。

学术性和师范性之间存在矛盾，但感觉把这个矛盾渲染得过度了。谈这个矛盾的多是北师大、华东师大这样的老师，当然新疆师大也会谈，但更多是受到这些学校的影响。因为要培养科学家，所以教师自己要有高超的学术功底。但从我们现在来看，从小学到初中再到高考的学习，它要求的知识面、知识的深度就是这些东西，不是说学得深了不好，是我们在一般情况下都能满足它的要求。教给师范生的知识基本上是够用的，他们逐渐在教学一线中去提高自己的知识水平，不一定能解所有难题，但已经具备解难题的学习能力了。

所以我觉得学术性和师范性的矛盾，是我们的评价体系出了问题。习近平总书记在全国教育大会上说要破除"五唯"，现在评价一个大学好坏很重要的指标是人才，那么中国肯定是北大、清华的人才最多。但是从另一个角度来看，当初高考结束进去的都是尖子生，但是不是每个人都成功了，也没有培养出特别多的科学家，所以高等师范院校在谈学术性、师范性的时候也要反思。

关于师范生课时量的问题，不是课时的安排，而是老师和学生对于自己该学到什么程度的认识发生了偏差。很多大学生没有意识到学的知识将来在中小学做教师有什么用。中国的本科，总的来说是负担不重的。从中国高考出来的学生，有两大弊端——不喜欢运动，从不提问或很少提问。所以，所有的大学教育特别是师范教育都需要解决的问题就是如何让学生爱问问题，如何让老师喜欢爱问问题的学生，我觉得这个问题比探讨学术性与师范性要重要得多。

学术性和师范性本质上是一个伪命题，师范类大学的教师、管理者天生就认为师范生没有时间去搞好科学研究，而不是因为我们开了许多的课程，占用了课时的安排。高校学生能不能取得优异的成绩，最关键的是学生自己愿不愿意学习，而不是老师愿不愿意教。这也是现行的高考制度带来的弊端——没有主动学习的意识。

学术性和师范性的矛盾，实际上是师范生应不应该具备很强的学术能力，学术要求多了师范的水平就下降了；是不是因为我们上了几门教师教育的课程，我们有教育实习就会比非师范生学得差了。其实不是，是因为我们内心就觉得我们不应该比别人学那么多。如果一个人想学习，他会从早学到晚，丝毫不会比综合性大学差。有这种误解是我们教师和学生的观念导致的，不是因为课时少了学术就上不去。

我觉得当一个好老师，学术当然也很重要，但决定是否是好老师最核心的还是从教信念的问题。因为以前师大附中不太招聘研究生，原因是硕士研究生从事教学的信念不坚定，他只是在毕业没去处的时候愿意待一段时间，没有长期从教的信念。虽然硕士生的全国平均水平要比本科生高，但如果你不愿意把精力放在教书育人上，那你跟本科生比并没有太大的优势。

我不认为师范大学的学生学术性差，因为师范生毕业之后大部分就到中小学教书去了，如果我们师范院校有一批学生进入科研机构，20年、30年之后不一定就比综合性大学的学生差。总的来说是学生到基础教育实践中去了，而不是去搞科研了。如果做个实验，不遴选师范大学的师范生从事教育行业，而是放到中科院去跟着院士，那么20年后，他虽然不一定会成为院士，但是他一定不会差。

学术性和师范性的结合是师范院校发展的关键

——湖南师范大学校长黎大志访谈实录

黄宇红（校订、整理）

访谈时间：2019 年 10 月 12 日

访谈对象：黎大志，二级教授，博士生导师，湖南省力学学会副理事长，曾任湖南师范大学校党委委员、副校长。现任湖南信息学院校长。

访谈人：段晓晓

1. 首先请您谈一谈您从事高等师范教育的学习和工作经历。

黎大志：我原本不从事师范教育，我不是通过师范教育培养出来的，原本工作单位也不是师范。1999 年，高等教育大众化，湖南很多师范教育开始专升本，院校支持地方师范大学建设的时候，我从湖南大学到了岳阳师范学院，在那里做校领导，后面就一直在师范院校工作，从岳阳师范学院到常德师范学院，2008 年又到湖南师范大学。所以说我是非师范学院出身，但从 1999 年到 2019 年，有整整 20 年师范学校的工作经历。

2. 那您在从事高等师范教育的过程中，有着怎样的工作思路？遇到过哪些困惑？

黎大志：从非师范到师范，或者说从学科水平比较高的学校到学科水平相对而言比较低一点的学校来看，很重要的一个现象就是学术性和师范性的问题。我觉得我们传统的师范院校或大学，相对于那些办学历史比较久的、水平比较高的大学来讲，学术性是需要提升的。从高等师范教育的需求来讲，也需要提高学术性。

可以把我们高等师范教育总结为两个简单的问题：第一是教什么，第二是怎么教。从教什么的角度来看，需要提高学术性，就书本而书本，就中学课程来学大学课程肯定是不行的，一定要有很多当今学科发展的趋势、知识的整合和一些学术研究的思维方法的学习。所以，我们师范院校应该提升学术性，这是高等教育发展的普遍规律和人类社会发展对我们提出的要求。另外一点就是师范性的问题。正因为我们在师范院校，以前搞"211工程"，现在搞"双一流"，师范院校普遍感到有压力，特别是单从学科来评价一个学校，或从科研来独断一个学校的成功，就会感觉有差距。反过来讲，师范类院校对师范性的关注反而比较弱了。因为学术性的差距，大部分学校去从事科研，从事所谓学术成就的追求，当然这也是我们需要的，但不是全部。另外就是我们的个性部分，我们的特色部分，也就是说我们怎么教，对这方面的研究比较少，慢慢就淡化了、边缘化了，所以导致我们师范类院校，从现在来看，教师教育特色并不是那么明显和突出，因此给我们带来很多新的挑战，当高等师范教育体系开放化的时候，就会面临很多冲击。当清华、北大学生去当中学教师的时候，师范大学学生受到冲击，我们的师范性特色并没有体现出来。拼学术性拼不过清华、北大，那么我们能做什么？师范性即"怎么教"，就是我们独到的地方。如果有这些独到性，我觉得中学校长也会考虑不同的效果。我对教师教育，或者说从非师范到师范以后，我经常思考这两个问题，两个问题我们都要提升，这是我总结出来的一点结论性的东西。

3. 那您认为当前高等师范教育的未来发展方向是怎样的呢？面临着哪些机遇和挑战？

黎大志：上一个问题我已经把挑战讲到了，就是我们"双一流"建设，学科要搞上去，但是别忘记我们的初心和使命，就是培养人才。另外，我认为高等师范教育或中国一流的师范大学建设其实面临着共性和个性发展的问题。学术性是共性要求，师范性是个性要求，要把两者结合在一起。还有一个角度就是，"怎么教"是个性问题，"教什么"是共性问题，所以把共性和个性处理好，把学术性和师范性处理好，是我们未来的发展方向。

那么"教什么"或者说"学什么"，我们要以更宽阔的学术眼光和国际视野来看。"怎么教"的问题，我们要对认知规律、学生的学习规律等做更多的研究。当下，我们要和教学内容联系起来，大学、中学育人体系是不够完善和充分的，发展也是不平衡的，因此对当下的中国来讲，一流大学建设或一流师范教育建设一定要对评价体系有所调整。如果我们单纯拼学科，就会偏离方向，如果不讲学科建设水平，恐怕也不是那么先进，或者说我们先进的教育理念和先进的教育方法会有如无本之源，所以必须要结合在一起。我觉得我们学科的评价体系以及学校里面的评价导向，都应该有所调整，把学术性和师范性结合，把大学和中学结合，连在一起来评价我们的教师教育，那样会做得更好。

振兴师范文化是师范院校未来发展的方向

——江苏师范大学副校长蔡国春访谈实录

黄宇红（校订、整理）

访谈时间：2019 年 10 月 12 日下午

访谈对象：蔡国春，教育学博士，教授，负责发展规划、学位与研究生教育工作，协助分管教师教育改革与发展工作，联系教育科学学院（教师教育学院）等。

访谈人：李铭君

1. 请您谈谈您从事高等师范教育的学习和工作经历。

蔡国春：我上大学学的是师范专业，当时读的化学，毕业后留校任教，一直在江苏师范大学从事相关工作。后来又读了教育学的硕士和博士，对师范教育这一块已经研究几十年了，还是有一些体会和认识的。

2. 您在从事高等师范教育工作中有没有困惑？

蔡国春：师范院校，特别是师范教育所谓定向的培养体系瓦解后，所有的师范生没有工作分配，导致了一段时间以来，师范生在全国大部分地区（除部分西部地区外）找不到工作，尤其是很多的师范本科生找不到工作，实际上 4 个师范本科生中有可能只有 1 个人在教师岗位工作，这导致了师范生的资源浪费。这种浪费体现在，师范生经过师范培养毕业后,却不能在教师岗位上工作。如果不能在教师岗位工作的话,他就要去竞争其他岗位,这实际上对于师范生是一个浪费,因为在四年有限的时间里,师范生学到的很多教师教育课程无法应用。

师范院校有一个特点,出于培养教师的考虑,给师范生上教育学、心理学,后来还有班级管理等师范生课程,这些课是我们师范性的标签。多年来,我对这件事情一直是比较困惑的,虽然我是学教育学的,但是当我遇到我们有的学院,比如,原来的教师教育学院的教师老强调这些课程的重要性,希望培养方案里做这些事的时候,我就表示反对。让学生学那么多的师范课程,但这些学生又不能够在教师岗位就业,实际上就削弱了学生未来的竞争力。这个到目前为止,仍然是存在的,这是关于课程的问题。当然还存在其他一些问题,比如实践。

实践问题与课程问题类似,它不仅仅是钱的问题,还有对学生的精力、时间占用的问题。比如,原来的师范生实践是4个星期,我放到7个星期,甚至放到半年,但他如果找不到教师工作,这些师范生实践活动实际就耽误很多事情。如果说课程体系不那么做,实践不那么做,毕竟有一部分学生确实从事教师岗位,从培养角度来讲,包括从现在的专业认证角度来讲,可能我们的培养又不能达到要求。所以这个问题现在比较突出。

刚刚提到的师范生的量的问题也比较突出,我们到底要多少师范生是合适的?一比几是合适的?师范市场已经进入市场竞争的阶段。事实上,师范本科生在很多地方是没有多少就业的可能性的,所以大部分学生去读研究生。这是个大问题,它影响着整个教师教育的投入,或者师范教育课程的投入、师范实践的投入,需要把这个问题解决了。按照我的想法,要有一个优秀的本科师范生的专项推免,我建议一些好的师范大学30%的学生能推免,就是这个师范大学前30%可直接读教育硕士,地方前10%~20%的学生能推免,这样就把优秀的本科师范生留住了。

至于后70%的学生，你该考什么研究生，我也不管。这样的话，可能在有开放的教师教育体系，又有师范生标签的特殊情况下，能够留住好的师范生，或者说能够保持师范体制的说服力，我觉得还是有必要的。这个问题一直是我想得比较多的一个问题，因为目前我也分管研究生工作，现在很多教育硕士招过来水平很差，他考不到别的，就说我去考个教育硕士吧，还有他原来学别的，他说我要考数学、考中文，因为数学、语文老师好找工作。我跟他们讲，如果我是中学校长，我是不要的。如果你4年没有读数学，没有读中文，即使你是教育硕士，我也不会要你去当中学老师；我说你和其他的学生相比，人家读了4年本科再来读，这个完全不是一回事。但是现在像东部地区，很多地方对硕士教师的比例是有要求的，在追求高学历的考评中，各个地方都有要求，高中老师硕士要百分之多少，初中老师硕士要百分之多少，导致很多用人单位招不到好的师范本科生，因为好的师范本科生没有机会和所谓差的硕士生进行竞争，优秀的师范本科生实际上非常可惜。

3. 那您认为高等师范教育未来的发展方向、面临的机遇和挑战是怎样的呢？

蔡国春：我觉得这个问题分两个方面：第一个方面，实际上是一个宏观的方面，真正的高等师范教育发展，需要一个很好的社会和政策环境，具体就是教师的社会地位和待遇的问题，这是实实在在的。这个问题不是我们这些师范教育体系内的人能解决的。第二个方面，是从事教师教育的院校的利益和发展，包括首师大，甚至包括北师大、华东师大，在同一个竞争的院校的队伍里，大家都很有紧张感。要让一个人愿意当老师，那就要有很好的教师的地位和待遇；要让一个学校很好地做教师教育，就要给学校利益和发展的预期，这是一个大问题。这个当然需要政府来考虑、来解决。中共中央和国务院2018年年初的文件实际上是有说法的，关键是怎么落实，其中包括对教师教育学校的支持，对教师地位的支持。去年教育部的工作要点喊出了要重振师道尊严，这些说法都是为减轻教师负担，这也都是可以看得到的进步。当然还需要增加投入，实实在在给师范教育支持。在这个贯彻的过程中，还有一些工作要做，还有很长的一段路要走。

无论是在封闭的师范教育体系还是在开放的教师教育体系，师范院校仍然是教师教育的一个主体。对于中国教师教育主体的师范院校要适量，我认为现在是多了，当然，对于中国基础教育的基本师资规模的保障，师范院校具有不可替代的作用，没有这些师范院校的师范生，基础教育的基本师资是难以保证的。这当然不仅包括师范院校，也包括不叫师范院校但从事师范教育的一些学校，如地方的普通本科、由原来师专升格合并转为的普通本科，也是中国教师教育最基础的力量，我们需要把它做好。至于非师范的所谓高水平大学，它参与教师教育可能更多是为了锦上添花。

从国际比较的经验来看，如果一个高水平大学没有任何的教师教育传统，只是想什么就做什么，还是非常难的。不管是美国，还是日本，以师范大学或者师范院校为主体的教师教育体系必须坚持。当然中学、大学、师范院校也要改革。对于教师教育，学校内部实际上面临着双重压力：第一，学科建设要提高水平，要有好的老师来教师范生，保证师范生基本的学术素养。第二，师范院校还要重新考虑师范文化如何构建。因为从教师培养上来讲，实际上是有两个流派：东亚地区，不管是日本、韩国还是我们香港地区和台湾地区，都很重视教师培养，重视情感、意志和德行的培养；但美国的教师培养，可能就不太在乎这些。这是很特殊的一种文化，这种文化恰恰在师范院校里能够找到。师范院校在过去20年，这方面实际上是在削弱，怎么重新振兴师范文化，对师范院校来讲也是一个挑战，这个挑战的反面就是我们要努力的目标。

综合性大学办教师教育，对我们既是挑战也是机遇

——南京师范大学党委书记胡敏强访谈实录

王天晓、毕光雨（整理）

访谈时间：2019 年 10 月 11 日

访谈对象：胡敏强，电气工程学科教授，博士生导师。现任南京师范大学党委书记，江苏省第十三届人民代表大会监察和司法委员会委员。

访谈人：李雪婷

1. 您从事高等师范教育多久了？

胡敏强：我从事高等师范教育到现在，满打满算 5 年吧。

2. 您能谈一谈您的学习工作经历吗？

胡敏强：我一直在综合性大学学习，我是学工科的，本来不是学教育的，由于工作原因，调到了南京师范大学。当时调过来的时候就是当校长，我的整个学历背景一直是在综合性大学，从天津大学念书，念工科电气工程专业，然后到本科、硕士，后来到华中科技大学念博士，从华中科技大学毕业以后又到东南大学念博士后，后来就一直在东南大学做教研室主任、做老师，从事教学和管理工作，在东南大学做了常务副

校长以后，调到南京师范大学来当校长，所以我的学科背景全部是综合性大学出来的。

3. 从事了 5 年的高等师范教育，在这么多年工作经历中，您的工作思路是什么呢？

胡敏强：我来到南京师范大学以后，觉得以师范教育为特色的学校和综合性大学，还是有比较大的差别。我在学校工作了 25 年，从 1989 年到 2014 年是在东南大学，东南大学的前身是三江师范大学，它有个重要的变革，历经了从两江师范学堂到三江师范学堂到南京高等师范专科学校然后到国立东南大学这样的过程。从 1921 年到 1927 年叫国立东南大学期间，它是师范综合性大学，是郭秉文校长提出来的，当时开启了中国在综合性大学办教师教育、培养教师的一个模式，最终这个学校成立是因为我们中国需要大量的实业兴邦人才，在这种前提下，需要培养一批学生。我们缺少大量师资，在这种情况下，教师教育应运而生。所以当时办大学，就是要想办法培养大量的师资，为基础教育提供一批优秀的师资。1921 年到 1927 年，在单一的办教师教育过程当中，学科基础的重要性就已经体现了。要在综合性大学加强学科基础，去培养教师教育专业的学生，这就是为什么要发展综合性。

南京高等师范专科学校和国立东南大学并行了一年。后来，在国立东南大学中成立了教育学科，也就是到了后期 1952 年院系调整的时候，成为南京师范大学的前身，我们走了专业的培养教师教育的路子。但是南京师范大学到了 1984 年，成立了南京师范学院，同年又开始办综合性大学，又回归综合性大学办教育的模式。在不停演变和发展过程中，我们可以看出，办高水平的教师教育学科基础，在教师教育的发展历程中的重要性。所以也就有了现在很多综合性的高水平大学，像南京大学，现在也成立了教师教育学院。很多综合性大学也都在培养教师，为什么在高水平大学培养师范生，因为高水平大学这种学科基础和学科生态，有利于培养一批高素质、高水平的教师，它有个很好的基础。在整个发展的历程当中，一个综合性的学科基础、多方面的综合能力和素质的培养对培养教师十分重要。

对我们来讲，南京师范大学在发展过程中，也有一个基本的定位，就是创新型国家建设，我们需要培养什么样的中小学生、基础教育。围绕创新型国家建设、中国梦的实现，对于学生的培养，可以说国强要体现在我们的青年要强，我们的学生要强。在这种大的背景下，怎么能让学生强，核心就是要培养学生。培养学生首先要进行树立坚定的理想信念、爱党爱国、立德树人等道德教育。从国家层面，这几年，尤其在加强高校学生立德树人等方面的培养、德智体美劳全面发展，围绕培养社会主义事业接班人做了大量工作。同时，对我们培养优秀的各行各业的带头人，中小学这块地基要打好，地基打好的根本在什么地方，就是教师要好，教师要好就得是我们高等教育，尤其是我们以培养教师教育为主的学校，要把教师教育这块工作做得更加优秀和出色。

那么，学生的地基靠哪些？一方面靠德育、思想政治和道德教育、爱党爱国的培养，另一方面就是他本身的基础和能力。创新型国家建设需要创新能力，那么我们的基础知识、创新能力、综合素质等，都需要教师在学生学习知识、获取知识的前提下，把地基打牢。所以在综合性大学中，首先需要我们培养教师有这种思维方式。老师用创新思维教学生，如果老师都没有创新思维，你怎么去引导学生？所以这个过程就需要对教师教育进行改革。我们传统上认为，培养有学科基础同时又有教育能力、教师素养、教师习惯养成的这种能力，当然包括我们的板书、教学方法、教育手段，这是一个方面。但是在单一学科的学校，它的教师综合能力和素质，比如，对某个学科方向的专业领域的了解，可能都有所逊色。为什么很多师范学校要发展这么多学科？为什么要把学科做强呢？把学科做强不是一个目的，因为我们有专业的学科；把学科做强实际上是给教师成为某学科领域的优秀教师提供了一个基础和平台。

这几年，南京师范大学为大力加强高水平大学建设，进行了一系列学科基础建设一系列的工作：在学科的水平提升、能力提升方面，同时对课程教学、教学方法等方面进一步优化。一个是厚实的学科基础，另一个是精湛的教学技术能力，这样输送到中小学，输送到基础教育领域中担任教师，就能为国家培养优秀人才奠定一个很好的基础。教育的根本，在基础教育阶段，可以说是教师的行为，教师的思维方式，它们能够影响一大批学生。

4. 那您从事这么多年高等教育有没有什么困惑？

胡敏强：第一，目前在我们教师教育的人才培养体制和机制上，我觉得需要进一步加大改革创新。我们常听任正非讲，以优秀的人培养更优秀的人。我在发展南京师范大学时就是这么考虑的，那么什么叫优秀的人？将来要从事基础教育的教师是优秀的人，是经过大学培养的人。经过反思，在大学教育当中，我们在教师教育招生的时候，我不知道你学的什么，你进来是不是师范专业，你如果是师范学校毕业，如果你在学习的过程当中发现你的专业，比如说物理师范，学了这个专业以后，你毕业往哪走，应该首选的是物理教师，你通过高考进来，如果在大学学习期间不适应物理，甚至物理考了不及格，那你往哪就业？所以要从我们的招生体制上反思。作为一个教师，不仅要自己的学科基础和知识能力非常强，还有表达能力、思想品德、综合素质也要很强。学校大门口8个字叫"学为人师，行为示范"。从一锤子高考进来之后要考虑是不是适应物理这门学科，能不能成为物理学科当中的优秀者，你的行为规范、你的素质通过高考以后在逐渐成长的过程中适应不适应去做教师，在学生的培养过程中有没有把分流的机制引入。在我的想象中，应该是通过一个阶段的学习，包括你的表达，经过面试来看你能不能做教师。这种环节和机制上是不是有问题，这是第一个困惑。

第二，做教师，你可能是物理教师、化学教师或者语文教师，你首先要对你教的学科，比你的同事、同学优秀，否则你怎么教出来优秀的人。因此，专业学科你要学得最好，同时，4年当中还要学教育技术、教育方法、课程教学论，在整体培养当中这两部分全做到才能是个优秀的学生。一个人的精力是有限的，因此这种学制，就只能学专业的一部分，教学课程论、教育技术方法等也学一部分，这两部分学了就去做教师，难以成为一名优秀的教师。

第三，技术在不停地发展，学科在不断地发展，你又在拓展，但是你在教师教育师范类，那么你接触的学生，接触的将来后续择业的发展通道和领域当中，你应该在物理学科领域当中活跃，又要在教师教学方法上活跃，但是你现在缺了一块，在教学方法上缺少了学科的发展，所以从这个角度来说，你将来能否真正为我们国家培养出优秀的中小学生？同时时间上也受到了限制，4年的后续发展，你的学科领域，如果我是学物理的，那么我跟物理领域始终有关系，我的一个困惑就是怎么去思考我们老师后续的发展，在他们教学本职工作当中，进一步了解和掌握本领域的发展方向和动态，把一些新的思维方式教给学生。作为一个教师在我们的体制机制以及后续的发展和人才的选拔过程等，还有门槛的选拔，如教师资格证考试等。

第四，我觉得令人困惑的是，现在综合性大学都在办教师教育，我们现在以师范为特色的高校，怎么去彰显我们的竞争能力和活力呢？综合性大学存在的竞争能力和活力也是以教师教育为特色的师范大学面临的需要认真思考自身发展的问题，怎么解决这一问题，就需要搞高等师范教育研究的专家学者来思考。

5. 您认为高等师范教育的未来发展方向是怎样的？面临哪些机遇和挑战？

胡敏强：我觉得我们的机遇是非常多的。第一，国家高度重视教师队伍的建设，党和国家要培养一大批优秀的人才。从政治层面，教育工作大会、教师教育、培养卓越教师等政策有很多，党和国家高度重视教师队伍的建设对我们来讲是很好的发展机遇。第二，我们国家中国梦的实现，创新型国家建设，GDP 现在位居全球第二，我们在向更高层次发展，在这个过程当中就有机遇。国家需要大批优秀的拔尖创新人才，这就对我们如何提高班级质量和水平，如何发展，提出了更高要求。创新型国家建设需要大量人才，我们需要大量中小学的优秀师资，这是我们一个很好的发展机遇。第三，综合性大学也在将来从事基础教育的一个方面对我们提出了更高的要求，看起来是个挑战，实际上也是个机遇。第四，如何做好我们的事，要学习它们的好多经验，这对我们来讲也是一个挑战；怎么用好这些经验，把建设一流专业和学科这个机遇，转化为培养人才的教育资源，培养更优秀的教师。第五，我觉得社会对我们的要求越来越高也是一个机遇。家长对学生的培养要求也越来越高，实际上对我们来讲，要求高，反而会逼着我们从这方面去思考很多问题，例如，我们该怎么去做好我们的工作？从来自政府的、社会的、自身的这三个维度来看，这既是我们的机遇，又是我们的挑战。我们应该把这个工作推进并做好。

选拔热爱教育的人去当老师是师范教育改革的一个方向

——西北师范大学副校长万明钢访谈实录

王天晓、孙启用（校订、整理）

访谈时间：2019 年 10 月

访谈对象：万明钢，西北师范大学教育学院教授，博士生导师，曾任西北师范大学副校长。

访谈人：刘泽旭

1. 请您谈一谈您从事高等师范教育的学习和工作经历。

万明钢：我可以说一辈子都在做师范教育。我们上学的时候，师范教育是免费的，那是在 20 世纪 80 年代，在这之前读师范都是国家公费的，不但不交学费，而且还会提供生活费。后来师范院校转型，师范院校、师范大学都纷纷成立了一些非师范专业。那时候非常有意思，我们学校最早成立的并且最早做的是经济类和计算机类的专业，是非师范。在我们学校里有两类专业，一类是师范，另一类是非师范，这种称呼在其他大学里面都没有，在综合大学里面也没有把一类专业称作什么，把另外一类专业称作非什么。后来我们采用这样一种模式，就是非师范的那些专业也按师范的模式办。多年来这些专业一直在师范和非师范中间摇摆，我也经历过这个过程。

在 20 世纪 90 年代，追求综合化是一个趋向，如果学校没有综合化，仅仅是单一的师范院校，那么大学排名、学科评估这些，肯定是吃亏的。学科门类不齐，规模也上不去，那么就业市场就会受到影响。再一个就是扩招，需要更多的专业承载这些扩招的学生，所以追求综合化。我觉得师范院校向综合化发展，就是专业门类更加多元，这个没有错。

但是在这个追求综合化的过程中，就有可能削弱了师范教育。我也是经历过这个过程，比如实习。在 20 世纪 80 年代，我们上学的时候，学校是非常重视教育实习的，不论我们是到中学还是小学，还是到中师去实习，学校和院系老师都非常重视。实习前、实习过程以及最后实习的总结等，工作做得都非常精细。也有那么一段时间，就是学生多了以后，一些事情和环节就做得很粗糙，指导力量也不够，我觉得全国的师范大学大概都会有这么一段时间。

紧接着就是从数量的扩张到质量的提升，后来有一段时间，我们的基础教育，特别是义务教育阶段的师资严重不足。义务教育阶段的普及、高中教学质量的提升，对高水平师范生的需求大量增加，师范专业的就业又好起来了。特别是教育部出台了中长期教育发展规划纲要之后，对教师教育和师范教育开始重视起来，投入也加大了。国家开始做免费师范生，各省也相应地出台了一些对师范生的优惠政策，比如，在入学、就业等各个方面都有一些优惠政策。特别是一些传统的师范大学，它们的优势是培养优秀教师，实际上它们又回归到了它们的本职工作。

随后又有卓越计划。卓越教师的培养是我们国家卓越计划里面较早开展的，西北师大也是第一批引进数学、语文、英语、学前教育这几个专业的院校之一。卓越计划有要求有评估，卓越计划毕业的学生一定要卓越，这些学院也确实下了功夫，努力培养卓越的学生去引领师范教育。后来就有了卓越文科、卓越工科等，这些卓越计划最初都是省属和市属的师范大学在做。卓越教师计划确实对高水平教师的培养，对区域里师范教育的引领作用非常明显。比如，在甘肃省，卓越教师计划实行以后，省里面就成立了教师教育联盟，把78所师范教育学校联合起来一块儿工作，带动了资源共享、信息共享、经验分享等。这几年国家确实对教师培养高度重视，应该说，相比以前我感觉是大大地改善了。

2. 在您从事高等师范教育工作的过程中，有着怎样的工作思路？遇到过哪些困惑？

万明钢：师范教育怎么转型这个问题，我觉得西北师大是做得比较早的。大概10年前，甚至还要更早。当时就考虑到教师教育，比如，在师范大学，培养高中语文老师，这些学生完全就在文学院，培养数学老师，学生完全就在数统学院。那么教育学院做什么？教育学院就开心理学、教育学和教学课，实习的内容就是这些课程的培养方案，缺乏一种整合，没有从学校层面做顶层设计。我们当时也去看了香港，香港教育学院的体制，就是所有老师都在教育学院培养，教育学院里面既有教学法的老师，也有其他学科的老师，相当于综合大学加教育学院这么一个体制。师范院校完全按这种体制是做不到的，为什么呢？因为不可能再有一个学院或者是教育学院，能把所有学科的老师都放在里面教学，教师离开母体学科，他的专业发展就会受到影响，所以这个怎么做呢？学校一定要有一个共享的平台，就是要有一个对教师教育课程体系的重新建构，这就不是每个具体的单位去各负各的责，这就是一两门课的事了。

然后就是缺乏一种联系，一种整体的设计。这个当时是以教育学院为主，教务处能够去调动学校资源，校长挂帅成立、组建一个能整合全校资源的队伍，去重新架构教师教育课程。此后，教师教育的课程有了很大改善，把中长期发展纲要和基础教育课改结合起来了。比如，以前只给学生讲一门课，培养语文老师讲语文教学法，那么现在就是对高中语文教科书的研究、课纲的研究以及语文教学法的研究。课程分得非常细了，可以与时俱进，能和当前基础教育课改、中长期教育发展纲要的要求结合起来。这个对教师教育意义重大，学校改革现在还是在延续这样一个模式。

另外，实训也做了比较大的改变，因为现在条件较好，具备了信息化条件。我们坐在教室里面，可以看语文课，可以看数学课，完全可以用技术去观课，不需要花那么多的时间。现场实习也按规定延长了，以前基本上都是一个学期，这一个学期非常必要，刚开始有很多人觉得去8周吧，还有半个学期回来还能上堂课。那么这一个学期就不能上课了，别的教学任务可能就会受到影响。但是我觉得这完整的一个学期对师范生的培养是非常重要的，以前这8周基本一上课刚刚进入状态，还没有达到那个最好的时候就已经结束了，而且对人家实习学校的教学也是一个干扰。

此外，还有支教和顶岗，以前都希望把学生放在最好的中学里面去实习，但是现在又有了支教和顶岗的任务，支教和顶岗大部分都在非常困难、偏远的地区，特别是少数民族地区。比如，西北师大，我们在新疆的阿克苏南疆，坚持做了12年，每年两个学期都要派学生去，每年有500多名学生。可以说在内地的学校坚持这么长时间的不多，特别是在南疆。

这个实习工作有个好处，我们的学生能够真正了解到基层、优质的教师教育资源、优质的师资资源，到了那里以后，发挥了巨大的作用。在那里，约束较少，而又不能完全放任自己，所以这个要求就更高，而且是完全不同的文化，不同的民族。一些学生经过这一个学期的实习，在业务上可以获得显著提升，而且最重要的是在师德的建设上，对教师这个职业的热爱也是非常明显。

当老师的这种成就感，就是到农村去，到最艰苦的地方去，到那些缺乏优质教师资源的地方去，才能感受到尊重，感受到自身所发挥的作用，感受到自己的意义之所在，这对学生师德的建设表现非常明显。最明显的例子，我们这么多年来大概2000名学生在新疆就业了，他就是实习完了想留在那个地方，这个感情建立起来了，这是一个改变。现在这个教师教育里面，包括本科、硕士、博士一体化，我们教育博士、教育硕士，然后到我们本科一体化。当然我们在那些最优质的学校里面也有实习，我们会轮换去安排。

现在还有一个变化，就是我们师范大学接受了大量的国培项目。在我印象当中，我在西北师大上学的时候没有看见校园里面有来培训的老师，培训完之后和这个大学没有关系，那时候省里面有另外一个学校，是教育学院，他们做职后，大学是做职前，现在职前职后一体化。这有一个好处，以前做职前的老师，我根本没有见过在一线的基础教育老师，他在这个教学当中有什么问题，需要大学来做什么培训，我根本不太了解。现在职前职后一体化，对师范大学老师的提升非常明显。有过教学经历的，甚至教学骨干给他们讲课，那完全不一样，而且我从这种互动当中也得到很多经验。此外，职前职后的经验都能分享，我觉得这是课改以来，也是这个十年的中长期教育发展规划纲要以来的一些重大的变化，让师范大学在教师培养过程当中承担更加重大的责任，或者是让这个培养的链条更长、更完整。

当然也有很多学校也有一些经验，比如，我们现在的大学、政府和中小学的这种合作伙伴关系。20多年前，我们大学生到中学去实习，中学不太愿意接受，实习很短会干扰正常教学。现在是供不应求了。比如，我们学校每年大概有2500名学生需要实习，那么要满足所有的需求，需要3000名左右，这个选择范围很多，可以看出现在基础教育发展了。

高水平师范大学的师资需求，要培养学生的需求，问题在哪里，我觉得我们现在还不能让真正热爱教育的学生去当教师，我们尝试过，就是我们在高考录取的时候能够师范提前录取，选择师范的就是不管考多少分，就想当老师，只要能当老师，我拿分数再选最好的学校。我觉得热爱是做好这个职业的前提条件，所以我们现在这种录取方式越来越好了，越来越人性化了，就是能让学生找到他真正热爱的职业。我觉得这个能真正让一个老师一辈子从事这个职业，而且他能够在从事这个职业过程中体现他的价值。我们现在说的这个教书育人能够落到实处了。要热爱，热爱是学生的第一选择，在选择这个职业之前他应该做好这个准备，他是自愿的，是自己选择的，我觉得这个是特别重要的。师德建设也是一个学习的过程，不管选哪个职业，都是一个学习的过程。在实训当中，比如，顶岗和支教，到最艰苦的地方去，这也是对师德建设的一个锻炼。师德建设的前提就是热爱，做老师最核心的就是爱学生，这样你对这个职业才能投入，我觉得这可能也是我们国家师范教育未来改革的一个方向。随着高考的改革，一定会越来越人性化，去满足每一个考生的需求，能保证学生选到其他的专业，这确实是一个很好的转变。

3. 您认为当前高等师范教育的未来发展方向是怎样的，面临着哪些机遇和挑战？

万明钢：我觉得现在有一个问题，就是在20世纪八九十年代，开始逐渐把中师淘汰了，原来是三级师范。到现在还有人说，那时候中师很受重视。90年代之前中国师范教育里面的中师水平非常高，很多老师、了不起的干部等都是中师毕业的，为什么？因为他当时就是初中最优秀的学生，他才考中师，那时中师免费，特别是农村的孩子，为了生活，他就选择好出路，早就业，毕业当老师，但现在中师没有了。

此外，师范里面出现了两极分化，比如，首师大、西北师大这些院校，师范教育里面我们说的那 6 所部属大学，其实体量很小，不是主力，真正的排头兵和主力是各省的师范大学。首师大、西北师大、山东师大等。

这是最优质的中国师范教育资源、高等师范教育资源。再往下就是师范专科学校。现在还存在着一批师范专科学校，我觉得这不利于整个师范专业整体社会地位的确立。一个学生的分数只能上专科，他在高考的同辈学生里面是一个什么位置？他去上师专，他毕业以后要教小学，但现在专科生都进不去小学了。但现在还有这么一批学校，他去教小学，这差距有多大，就是和我们第一批的师范大学和那个后面的专科，他们同样都是当老师，而且他们大量到农村去当老师，到基层去当老师了。那么你想，我们要树立教师教育，树立师范专业的社会形象、社会地位，让人尊重。大家说，你看，我那个同学，他专科水平，他也当老师，我们怎么尊重他？我觉得这个会出现两极分化。所以我觉得专科师范应该逐渐被淘汰，逐渐向本科过渡。

另外一个就是师范院校改革。我觉得现在一个比较好的条件就是可以借助信息化，同时也是给教师教育提出的一个挑战。原来那种传统的教学方法、传统的思维习惯、传统的培养模式，可以说有些环节面临着颠覆性的挑战，你怎么去面对这样一个随处可以学习、随时可以学习的社会？确实是不可思议。我有时听课就会发现这个问题，原本 15 分钟可以讲完的课却讲了 50 分钟，教师没有好好研究学生，没有研究当下信息化背景，没有研究他们获取知识的各种手段和渠道，没有研究各种媒体媒介，还是采用老办法，这可能是我们现在面临的一个比较大的问题。

再一个，真正的高水平师范大学，可以尝试高考录取的改革。比如，提前批次录取，或者是二次选拔、二次选班，应该加一个面试的环节，这个是很重要的，并不是说任何人都可以当老师。在我的经验里，现在师范专业 1/3 的人就不适合当老师，第一缺乏兴趣，第二不适合当老师。但是我们要把他培养 4 年，如果我们有一个面试的话，会把这个培养的成功率提高，把成本降低。

师范教育的审思与构想

——河北师范大学副校长郭毅访谈实录

谷琳（校订、整理）

访谈时间：2019年10月

访谈对象：郭毅，博士生导师，教授，中国植物生理学会会员，河北师范大学教学名师，2019年5月任河北师范大学副校长。

访谈人：霍平

1. 郭校长您好，想请您谈谈您从事高等师范教育的学习和工作经历。

郭毅：我是河北师范大学毕业的，然后留校，从1993年开始就一直在高校里当老师，大概30年的时间。

2. 我了解到您2002年就被破格评为副教授，这期间您在教学教研方面获得了哪些成果？

郭毅：我当时留校是在实验室，是河北师范大学在科研方面和学科建设方面最好的一个实验室。2001年的时候，实验室一位教授被评为科学院院士，他的科研做得非常好。我是留校之后先做的实验员，1995年考的硕士，1998年毕业，毕业之后，就转为教师，然后开始上本科生的课，教学对我今后的科研帮助非常大，所以这两个实际上是相辅相成的。有了科研的平台就能在教学当中讲更多的新的技术、新的方法和新的理念,包括科研思路与研究过程中积累下来的经验,实际上对教学有非常大的帮助。同时在教学过程中,会不断发现新的科学问题,这也有助于科研,这是让我能迅速提高的一个经验。

3. 您在师范教育工作中有什么比较明确的工作思路?

郭毅:我在2011年从一名教师成为生命科学学院院长。生命科学学院是河北省的特色学科,也是河北省"双一流"的建设学科,有两个方向,生物学与生态学,生物学是河北省国际一流建设专业学科,生态学是国家一流建设专业学科。生命科学学院在我们学校从学科建设上来讲应该是最强的,我们有教育部的重点实验室,也有国家重点学科细胞生物学,我一直从事一线教学。我当院长的时候就一直强调教学是教师一个最基本的任务,教师首先要把教学做好,这也是我当时在学院里边一直重视的。另外,就是要科研做得好,学科建设做得好,这也是为什么说学科建设和教学实际上是相辅相成的。我们对人才的培养首先是从硕士到博士这样一个人才培养的层次。另外我们把大量科研方面的东西面向本科生,就是向本科教育进行倾斜,我们用科研反哺我们的本科生教学,给学生提供了大量实践和实习的机会。从一年级开始,学生就可以进入实验室进行科学研究,我们现在有精英班,精英班实际上是一个特殊的培养模式。同时我们和中科院相应的一些院所有合作,我们的本科生直接加入中科院的实验室,在学科上具有坚实的基础。

4. 在师范教育的过程中,您有什么困惑?

郭毅:河北师范大学的定位是,建设高水平的大学,首先要定位的就是我们的师范特色。从个人感觉来讲,现在国家非常强调师范教育,从国家来讲,它是多元化的,包括一些综合性大学的学生是可以通过考教师资格证当老师的。我觉得应该有更多的政策去支持现有的师范。从国家来讲，国家政策包括我们省里的政策，就是保证师范特色，实际上有一些硬性的指标，比如，省里要求我们的师范专业的数目不得少于50%，师范学生的人数不得少于60%，这些实际上是对师范院校的一个刚性指标。怎么在保证师范特色的情况下和那些综合大学去比"双一流"，去比其他的东西，这是我们办学层面的一个困惑。

对师范教育来讲，我希望设置单独的赛道，比如，在师范教育里做师范教育一流的学科、一流的学校，我觉得这对我们国家整体的生态教育是有帮助的。另外，我觉得综合大学的学生，从知识培养体系来讲是没有问题的，但是如果只是通过考试的方法去拿到教师资格证，这是有问题的。因为我们的师范教育不只是放在笔头上，比如，心理学也好，教育学也好，它不只是一个考试，不是考到一个分数、背会这些东西就行了。我觉得这是一个养成教育，这个教育对他以后成为一名教师或者从事职业来讲是有必要的，还有包括一些特殊的师范技能和素质的培养，这是综合大学所完成不了的。所以我希望国家从这方面来考虑，除了考试以外，至少要经过一些短期的培训或者是规律性的培训，提高他们的师范性。

5. 就是要提高教师的门槛，对吗？

郭毅：对。还有一个困惑就是，我们一直强调师范的重要性：教育大计，教师为本。但是教师的生源实际上是一个大问题。和那些综合大学比起来，并不都是最优秀的学生进入这些学校。在人才培养方面，虽然现在硕士生比较多，但是现在大学的入职要求，比如，当老师，大部分是博士，那么专门教师教育的博士，实际上现在的需求很大，但这方面的培养，包括博士点的数量非常少，这也是一个非常大的问题，希望能重视起来。怎么让好学生进来，这是社会体系的一部分，比如，提高待遇，社会对教师职业的整体认可度要提高。

6. 您认为当前高等师范教育的未来发展方向是怎样的？面临着哪些机遇和挑战？

郭毅：这个问题非常好。面临挑战的情况才会有机遇，习近平总书记提到，世界处于百年未有之大变局。从自然科学发展来讲，人工智能发展是我们科学技术面临的一个巨大挑战，在这个背景下，有一些公司通过人工智能虚拟老师去进行教育，据说效果还不错。很多是把教育进行颗粒化，就是我们所有的知识点，包括数学、物理，所有学科的知识进行颗粒化来进行教学。教学就是通过颗粒像垒积木一样进行，然后通过不断测验，了解学生在哪些颗粒上有差距，再不断进行个性化教学。在这个大背景下，师范教育应该紧紧抓住信息时代的这些特点，然后去研判我们的教育怎样和这些高科技的技术相结合。另外，就是我们应该提高自身素质，在人才培养上也应该加强这方面的预判和调整，例如，课程体系的调整。我觉得这既是挑战，同时也是机遇，毕竟教育是有温度的，不仅以知识传授为目的，更重要的是教育立德树人。从这个意义上来讲，我觉得人工智能无法取代教师，无法取得真正的人和人之间的温暖感，包括行为示范。我们现在对教师师德的要求、理想信念的要求会更高。

郭毅：我们要把这些技术用到强调我们的师德教育和教师的示范引领上，这个可能是机器永远替代不了的。

7. 非常感谢您接受访谈！

后 记

2019年是中华人民共和国成立七十周年的重要年份，为回顾我国高等师范教育走过的光辉历程，向祖国生日献礼，首都师范大学教育学院高等教育研究所决定面向高等师范院校老领导、老专家开展这项访谈工作，先后访谈了顾明远、王英杰、张楚廷、杨德广、史宁中、刘新成、刘利民、王长纯、宋乃庆、谢安邦、颜泽贤十一位先生。

在访谈工作基础上，2019年10月12日，"高等师范教育七十年的使命与挑战"研讨会在首都师范大学召开。来自全国40多所高等师范院校的校领导、专家学者与研究生共150余人参加论坛。开幕式上，以视频方式展示了"高等师范教育七十年口述史访谈研究"初步成果。

利用会议间隙，高等教育研究所研究生们又趁热打铁采访了与会的部分现任高等师范院校领导，包括上海师大李晔副校长、新疆师大王晓峰副校长、湖南师大黎大志校长、江苏师大蔡国春副校长、南京师大胡敏强书记、西北师大万明钢副校长、河北师大郭毅副校长。

面向老领导、老专家的访谈编为上篇，面向现任领导的访谈编为下篇。因此，本书既反映历史，也反映现实，体现高等师范教育的薪火相传。受访者都是我国高等师范教育历史的重要见证人与重要贡献者。他们陈述的生动鲜活的故事充满真知灼见，一定能够启迪后来者，更加智慧地改革与发展我国的高等师范教育，为培养高素质、专业化、创新型

>>> 后记

教师做出更大的贡献。

　　这项口述史访谈工作，得到首都师范大学校领导、校办、校友会、教育学院领导等的大力支持与指导，在此表示衷心感谢。

　　这本口述史访谈研究，主要组织与参与者包括：首都师范大学教育学院高等教育研究所教师王晓阳、黄宇红、王天晓、谷琳、周雪敏；研究生吴敏、王雅萍、李铭君、石燕、刘泽旭、孙启用、鲍懿坤、段晓晓、毕光雨、李雪婷等。

　　本书可供高等师范院校从事教师教育的领导、教师、研究人员及研究生学习参考。